Social Media Einkommen

Wie Solo-Unternehmer und kleine Unternehmen auf Instagram und anderen Social-Media-Plattformen Geld verdienen können (2-in-1-Sammlung)

Buch 1: *Instagram-Einkommen: Wie Solo-Unternehmer und kleine Unternehmen auf IG Geld verdienen können*

Buch 2: *Likes zahlen keine Rechnungen: Wie Sie Social Media nutzen, um Leads und Kunden zu gewinnen*

Chris Oberg

Inhalt

Einführung

Wir Solo-Unternehmer und Inhaber kleiner Unternehmen haben in der Regel eines gemeinsam. Wir sind immer auf der Suche nach Möglichkeiten, mehr Geld zu verdienen, und je schneller, desto besser! Daher sind unsere Augen immer offen für neue Taktiken und Strategien, um neue Leads und Kunden zu finden. Viele von uns nutzen die sozialen Medien, insbesondere Instagram (IG), um sich und ihr Unternehmen zu vermarkten.

So wertvoll IG auch sein mag, IG ist ein tückisches Monster. Wenn wir nicht aufpassen, frisst es all unsere Zeit und Energie auf und spuckt uns mit Angst, Gehirnnebel und einem seltsamen Gefühl von "gaaah... was mache ich auf IG falsch?!" aus.

Ich weiß es, ich habe es selbst erlebt.

Für mich war IG bis vor ein paar Monaten eine frustrierende Zeitfalle. Als ich anfing, mein Unternehmen auf IG zu vermarkten, tat ich, was die meisten Solo-Unternehmer tun. Ich verbrachte eine Menge Zeit auf der Plattform, kommentierte andere Beiträge, jagte mehr Follower (denn mehr ist besser, nicht wahr?) und "erstellte Inhalte". Aber auch wenn die Zahl der Follower langsam wuchs und meine Follower sich langsam immer mehr engagierten, fehlte etwas. Das fehlende Teil ist jetzt offensichtlich, aber damals konnte ich es nicht sehen. Das fehlende Teil war, dass ich kein klares Bild davon hatte, wo in meinem

Unternehmen mein IG-Konto angesiedelt war, also hatte ich keine klare Strategie, wie ich mein IG-Konto monetarisieren konnte.

Es dauerte anderthalb Jahre, bis ich erkannte, dass ich mein IG-Konto als **Einkommensquelle** und nicht als "Marketingkanal" betrachten muss. Diese kleine Änderung der Denkweise machte einen großen Unterschied in meiner IG-Strategie. Wenn es Ihnen ernst damit ist, mit IG Geld zu verdienen, empfehle ich Ihnen dringend, IG als potenzielle Einkommensquelle zu betrachten.

Warum sollest du auf mich hören, wenn es darum geht, auf IG Geld zu verdienen?

Ich werde sehr ehrlich zu dir sein. Ich bin ein normaler schwedischer Mann, der in Schweden lebt. Schwedisch ist meine Muttersprache (ich tue mein Bestes, um mein gebrochenes Englisch zu verbergen). Ich coache Solo-Unternehmer beim Aufbau eines profitablen Self-Publishing-Geschäfts auf Amazon. Ich habe mein IG-Konto schon eine Weile (siehe mein Profil @inkomstmedbocker), und ich habe 900+ Follower, während ich dies schreibe. 900 sind nicht viele Follower, dessen bin ich mir bewusst, aber weisst du was? Man braucht nicht viele Follower, um auf IG Geld zu verdienen, und ich bin der Beweis dafür. Seit ich vor ein paar Monaten begonnen habe, mein IG-Konto als <u>Einkommensquelle statt als</u> Marketingkanal zu betrachten, habe ich Tausende von Dollar verdient und Hunderte von E-Mail-Abonnenten durch IG bekommen, was beweist, dass man keine große Fangemeinde braucht, um auf IG Geld zu verdienen.

Ich habe keinen formalen Geschäftshintergrund, aber ich habe mehrere großartige Online-Geschäftsprogramme und Kurse besucht (ein Lob an Ramit Sethi). Bevor ich meine Geschäftsreise begann, habe ich viel Zeit mit Online-Poker verbracht. Poker und Business/Unternehmertum haben viel gemeinsam. Um beim Poker erfolgreich zu sein, geht es darum, die Welt aus der Perspektive anderer Menschen zu sehen und kalkulierte strategische Entscheidungen auf der Grundlage der verfügbaren Informationen zu treffen. Kombinieren Sie das mit dem Kern des Unternehmertums (Probleme gewinnbringend lösen), und Sie haben meinen Hintergrund. Beim Poker, wie auch im Geschäftsleben, sind gute Absichten immer schön. Aber was zählt, sind Ergebnisse. Für mich bedeuten Ergebnisse, **Geld zu verdienen**, und genau darum geht es in diesem Buch.

Was du in diesem Buch lernen wirst

Auf diesen Seiten zeige ich du Strategien, wie du Instagram nutzen können, um echte zahlende Kunden zu gewinnen. Dann werden wir einen tiefen Blick darauf werfen, wie du IG nutzen kannst, um die richtigen Follower zu gewinnen und sie in zahlende Kunden zu verwandeln.

Im ersten Kapitel werden wir das Geschäftsmodell von Instagram besprechen und wie du es zu deinem Vorteil nutzen kannst. Dann gehen wir auf einige Strategien ein, wie du den Zweck deines IG-Kontos herausfindest und einen Weg findest, dein IG-Konto zu Geld zu machen. Ich zeige dir auch, wie du deine Strategie so gestalten kannst, dass Instagram von deinen Aktivitäten profitiert.

Im zweiten Kapitel geht es darum, die Heldenreise deiner Follower herauszufinden und eine Lösung für ihre Probleme zu finden, und zwar auf eine einzigartige, ansprechende Weise. Die Menschen werden jeden Tag mit Tausenden von Bildern bombardiert, also musst du lernen, eine Verbindung zu deinen Followern herzustellen.

Im dritten Kapitel wird untersucht, wie alles, was Sie auf IG tun, als Produkt betrachtet werden kann. Wir werden auch den Ausdruck "Inhalte erstellen" töten und beginnen, Ihre ersten Geldverdien-Experimente durchzuführen. Ich zeige Ihnen einige meiner erfolgreichen (und nicht so erfolgreichen) IG-Experimente.

Im vierten Kapitel geht es um Geld und darum, wie Sie Ihr Konto zu Geld machen können, einschließlich verschiedener Möglichkeiten, Produkte zu verkaufen, verschiedener IG-Verkaufstrichter, Verkaufen in DM und vieles mehr.

Fangen wir an!

Kapitel eins: Finde heraus, wie du auf IG Geld verdienen willst

Du bist der festen Überzeugung, dass deine IG-Strategie zum Geldverdienen mit dem Geschäftsmodell von IG übereinstimmen sollte. Wenn IG selbst mag, was du tust, wird dein Konto mehr organische Aufmerksamkeit erhalten, und IG wird dein IG-Konto automatisch an mehr Menschen weitergeben. Hier ist, wie du das erreichen kannst.

Das Geschäftsmodell von Instagram

Warum scrollen die Leute auf IG? Einfach gesagt, sie WOLLEN abgelenkt werden. Sie suchen nach etwas, das ihre Aufmerksamkeit fesselt. Die Menschen, die auf IG scrollen, sind das Produkt, mit dem IG Geld verdient. IG ist darauf ausgelegt, dass die Leute so viel Zeit wie möglich dort verbringen. Und damit du auf IG Geld verdienen kannst, musst du etwas schaffen, das die Aufmerksamkeit der IG-Nutzer weckt und sie dazu bringt, mehr Zeit auf IG zu verbringen. Daher müssen deine Beiträge, Videos und alle deine Inhalte auf das Geschäftsmodell von IG abgestimmt sein.

Wie die meisten Social-Media-Plattformen versucht IG, seine Plattform zu monetarisieren, indem es die Leute so lange wie möglich auf der Plattform hält. Jede Kleinigkeit auf IG, von den Farben bis zu den Pieptönen, ist darauf ausgelegt, die Leute dazu zu bringen, mehr

Zeit auf der Plattform zu verbringen. Es ist erschreckend, wenn man darüber nachdenkt, aber das ist die Realität. Es ist zum Beispiel kein Zufall, dass der IG-Feed ähnlich wie ein Spielautomat nach dem Zufallsprinzip aufgebaut ist. Man weiß nie, wann man sich bei IG einloggt. Wirst du den Jackpot knacken und etwas finden, das deine Aufmerksamkeit erregt oder nicht? Dein IG-Feed unterscheidet sich völlig von meinem, weil IG immer wieder Inhalte anbietet, die dich interessieren und ansprechen, und es bietet mir immer wieder Inhalte, die mich interessieren. Auf diese Weise sind wir am Ende alle glücklich.

Von außen sieht IG mit seiner sauberen Oberfläche und den schönen Bildern zwar unschuldig aus, aber in Wirklichkeit ist alles sorgfältig auf ein Ziel ausgerichtet: unsere Aufmerksamkeit zu monetarisieren. Ich verwende gerne die Analogie, dass IG wie ein Spielautomat ist. So wie ein Spielautomat die Spieler beschäftigt und unterhält, sorgt IG dafür, dass wir alle unterhalten und abgelenkt werden, um sicherzustellen, dass wir so viel Freizeit wie möglich dort verbringen. Und wenn du das tust, verdiesnst du Geld für IG. Sobald das passiert, wird dir IG andere Dinge anbieten, um deine Aufmerksamkeit zu erregen, damit sie noch mehr Geld an dir verdienen können.

Zu wissen, wie IG Geld verdient, kann in vielerlei Hinsicht hilfreich sein, wenn du damit beginnst, deine IG-Strategie zum Geldverdienen zu entwickeln. Erstens: Wenn deine Strategie mit dem Geschäftsmodell von IG übereinstimmt, erhöhen sich die Chancen, dass IG dein Konto aufnimmt und es an mehr Leute weiterempfiehlt. Zweitens kann das Wissen, dass IG wie ein Spielautomat funktioniert, der versucht, deine Aufmerksamkeit zu monetarisieren, dabei helfen, klare Grenzen für deine Nutzung von IG zu setzen. Der Zweck eines IG-Kontos besteht zum Beispiel nicht darin, deine wertvolle Zeit und

Energie auf IG zu verschwenden. Das Ziel besteht vielmehr darin, IG zu nutzen, um Geld für Sie und Ihr Unternehmen zu verdienen, und zwar so, dass IG nur einen minimalen Fußabdruck auf Ihrer Zeit und Ihrer geistigen Energie hinterlässt.

Dein Geschäftsmodell

Treten Sie einen Schritt zurück und betrachten Sie Ihr Unternehmen von oben. Schauen Sie sich alle Wege an, auf denen Menschen von Ihnen erfahren, wie sie Ihre Homepage finden, wie sie Ihr Ladengeschäft sehen, wenn Sie eines haben, und wie Kunden und Klienten Sie an ihre Freunde und Familie weiterempfehlen. Denken Sie an all die verschiedenen Wege, die diese Menschen nehmen, von der Unkenntnis über Sie bis zur Geschäftsbeziehung mit Ihnen. Erkennen Sie all die verschiedenen Wege? Sehr gut. Überlegen Sie nun, wo IG in diesem Mix einen klaren Platz hat.

In der Anfangsphase meines 1:1-Coaching-Geschäfts habe ich nicht allzu viel über IG nachgedacht und meine Aufmerksamkeit und Bemühungen stattdessen auf Facebook-Gruppenpostings und Google SEO (Suchmaschinenoptimierung) konzentriert. Infolgedessen dachte ich, dass es schwierig sei, auf IG zu verkaufen. Der Fehler, den ich machte, war ein klassischer Fehler. Ich behandelte IG auf die gleiche Weise wie Google SEO. SEO steht bei den meisten Unternehmen ganz oben im Geschäftstrichter und bringt Nutzer, die nach Antworten auf Fragen oder einfachen Informationen über etwas suchen.

IG hingegen ist anders und befindet sich weiter unten im Geschäftstrichter. Um auf IG Geld zu verdienen, muss man Aufmerksamkeit erregen und Engagement mit seinen Followern aufbauen. Und wenn ich von Engagement spreche, meine ich nicht ein

"Gefällt mir" für einen Beitrag. Engagement bedeutet für mich, dass meine Beiträge entweder kommentiert oder geteilt werden, dass sie mir eine DM schicken oder meine Website besuchen.

Als ich dazu überging, mich darauf zu konzentrieren, Aufmerksamkeit und Engagement zu erhalten, anstatt "Informationen zu liefern", begann ich schnell, das Potenzial von IG zu erkennen. IG half mir dann, zwei Dinge in meinem 1:1-Coaching-Geschäft zu erreichen. Erstens, und das ist das Wichtigste, konnte ich die Anzahl der Verkaufsgespräche, die ich durch einen Aufmerksamkeits-/Engagement-Geschichten-Post --> DM-Konversation --> Verkaufsgespräch gebucht habe, in die Höhe schnellen lassen. Und zweitens habe ich Hunderte von E-Mail-Abonnenten gewonnen, indem ich die URL in meinem Profil auf meinen Leadmagneten verwiesen habe. So gut wie alles, was ich auf IG tue, führt die Leute entweder dazu, mich per DM zu kontaktieren oder meine Website zu besuchen (mit dem Ziel, dass sie sich in meine Mailingliste eintragen). Auf diese Weise monetarisiere ich mein IG-Konto.

Vielleicht haben Sie ein völlig anderes Geschäftsmodell. Vielleicht können Sie Ihr IG-Konto auf andere Weise monetarisieren, aber um Sie zum Nachdenken darüber anzuregen, was Sie auf IG tun können, denken Sie darüber nach, wie Ihr Unternehmen Geld verdient und wo in Ihrem Unternehmen IG am besten passt. Welche Art von Produkten und Dienstleistungen verkaufen Sie? Ihre IG-Strategie wird anders aussehen, wenn Sie wie ich ein 1:1-Online-Coaching betreiben oder wenn Sie eine lokale Bäckerei besitzen und versuchen, mehr Menschen zum Kauf Ihrer Kuchen zu bewegen.

Ein klares Ziel für das, was du erreichen willst (mehr Besucher für deinen E-Commerce-Shop? mehr E-Mail-Abonnenten oder Anmeldungen für dein Webinar oder mehr Verkaufsgespräche in IG-

DMs, so wie ich es tue?), wird dir bei der Ausarbeitung deiner IG-Strategie zum Geldverdienen enorm helfen. Aber bevor wir mehr über die Strategie sprechen, sollten wir herausfinden, wie du die Aufmerksamkeit und das Engagement bekommst, die du in erster Linie brauchst, um auf IG Geld zu verdienen.

Wie man Aufmerksamkeit und Engagement auf IG erhält

Wenn wir wissen, dass IG die Aufmerksamkeit der Menschen monetarisiert, wissen wir auch, dass Sie tatsächlich die Aufmerksamkeit und das Engagement Ihrer Follower gewinnen müssen, um auf IG Geld zu verdienen. Wenn Ihre Follower an Ihren Beiträgen vorbeiscrollen, ohne sich zu beteiligen, werden Sie Schwierigkeiten haben, auf IG Geld zu verdienen. Der erste Schritt in Ihrer Strategie sollte also sein, die Aufmerksamkeit Ihrer Follower zu gewinnen. Wenn Sie Ihr IG-Konto noch nicht eröffnet haben und noch keine Follower haben, sollten Sie diese Tipps im Hinterkopf behalten, wenn Sie es tun.

Einer der Hauptgründe, warum Menschen IG täglich nutzen, ist die Neugierde. Wenn wir etwas finden, das uns neugierig macht und unsere Aufmerksamkeit erregt, schüttet unser Gehirn Dopamin und Serotonin aus, die "Glückshormone", die uns ein angenehmes Gefühl geben. Wir sehnen uns nach diesem Gefühl! Der IG-Spielautomat leistet fantastische Arbeit, wenn es darum geht, einen Schub an Serotonin und Dopamin auszulösen. Ich bin kein Experte für Neurowissenschaften, aber ich kenne ein paar Strategien, um die richtige Art von Aufmerksamkeit und Engagement auf IG zu bekommen.

Verbinden, nicht überzeugen

Es versteht sich von selbst, dass jemand, der mit Ihrem IG-Konto interagiert, einen Wert erhalten möchte. Natürlich variiert die Vorstellung von Wert von Person zu Person. Dennoch können Sie über die Hoffnungen, Ängste und Träume Ihrer Follower, Interessenten und früheren Kunden nachdenken. Das ist es, woran Sie anknüpfen wollen. Welches Problem lösen Sie für Ihre Follower? Welchen Nutzen suchen sie? Indem Sie an ihre Hoffnungen, Ängste und Träume anknüpfen, signalisieren Sie ihnen, dass Sie sie verstehen, dass sie Ihnen wichtig sind, und sie werden eher bereit sein, sich anzuhören, was Sie zu sagen haben. Mit anderen Worten: Sie haben ihre Aufmerksamkeit! Bingo!

Sich auf die Verbindung zu konzentrieren, anstatt zu überzeugen, hebt sich unter allen Internet-Vermarktern da draußen als authentisch hervor. Denken Sie darüber nach: Wenn Sie auf IG nur versuchen, Ihre Follower davon zu überzeugen, Ihre Produkte zu kaufen, werden Ihre Follower Sie verdammt schnell leid sein. Probieren Sie stattdessen einen dieser Tipps aus, um mit Ihren Followern in Kontakt zu treten.

Hole sie dort ab, wo sie sind, und richte deine Aufmerksamkeit auf sie

Anstatt über Ihr Produkt zu reden, sollten Sie versuchen, die Themen Ihrer Follower in den Mittelpunkt zu stellen. Welche Bedürfnisse haben sie in diesem Moment, die sie dazu veranlassen, Ihren IG-Account aufzusuchen? Was ist etwas, das für sie im Moment am wichtigsten ist? Es sollte nicht um Sie oder Ihr Produkt gehen, sondern um sie. Stellen Sie ihnen viele Fragen und hören Sie zu, was sie zu sagen haben. Sie können ihnen DM schicken oder in Geschichten

Fragen und Antworten stellen und genau zuhören, was sie zu sagen haben. Wenn Sie das tun, erhalten Sie wertvolle Einblicke in die Gründe, warum Ihre Anhänger Ihnen folgen, und Sie können leichter eine Verbindung zu ihren Hoffnungen, Ängsten und Träumen herstellen.

Ich bin IMMER auf der Jagd nach Erkenntnissen über meine Follower. In meinem Coaching-Geschäft berate ich Menschen, wie sie durch Self-Publishing auf Amazon Geld verdienen können, aber der ECHTE Grund, warum mir die Menschen auf IG folgen, hat nichts mit Amazon zu tun. Sie folgen mir, weil sie lernen wollen, wie sie mehr finanzielle Freiheit in ihrem Leben erlangen können, und das ist die Geschichte, an die ich anknüpfen möchte. Ich könnte den ganzen Tag lang Self-Publishing-Strategien posten, aber das würde auf taube Ohren stoßen. Stattdessen hole ich sie dort ab, wo sie sind, und kann direkt auf ihre Hoffnungen, Ängste und Träume eingehen.

Wenn Sie nach Einblicken fragen und danach, was in den Köpfen Ihrer Follower vor sich geht, eröffnen sich alle möglichen Möglichkeiten. Vielleicht haben Sie zum Beispiel ein Zeugnis von einem früheren Kunden oder eine relevante Fallstudie. Da Sie wissen, dass diese Menschen ähnliche Probleme hatten, können Sie eine tiefere Verbindung zu ihnen aufbauen.

Zeige ihnen, dass du dich für sie interessieren

Wenn Sie Ihre Follower dazu inspirieren wollen, mit Ihnen Geschäfte zu machen, müssen Sie weniger den Schwerpunkt auf das legen, was Sie verkaufen, und stattdessen über die Vorteile sprechen, die Ihr Produkt oder Ihre Dienstleistung mit sich bringt. Wie wird Ihr Produkt oder Ihre Dienstleistung ihnen helfen? Können Sie nachweisen, dass Sie Menschen wie ihnen schon einmal geholfen haben? Verstehen Sie alle Probleme, mit denen diese Menschen konfrontiert sind? Sprechen Sie nicht über alle Funktionen Ihres Produkts, sondern über dessen Vorteile und was es für sie tun kann. Zeigen Sie, dass es Ihnen wichtig ist, das Problem der Kunden zu lösen.

Marie, eine meiner Freundinnen, die Unternehmerin ist, macht das besser als jeder andere, den ich kenne. Sie hat so viele Erkenntnisse über ihre Follower (meist 25-55-jährige Frauen, die ihre Lebensaufgabe finden wollen). Sie kann sozusagen die Gedanken ihrer Follower lesen, und das Engagement, das sie für ihre Beiträge erhält, ist der Wahnsinn! Sie spricht direkt zu den Herzen ihrer Follower und schafft eine tiefe Verbindung. Als sie zum Beispiel ihr Gruppen-Coaching-Programm ins Leben rief, verdiente sie mit 600 Followern innerhalb von ZWEI TAGEN 8.000 Dollar! Wie cool ist das nicht? Wie sie das gemacht hat, erzähle ich später in diesem Buch.

Der Zweck deines IG-Kontos

Gehen Sie von Ihrem Geschäftsmodell aus und überlegen Sie, was Sie mit Ihrem IG-Konto erreichen wollen. Dann arbeiten Sie rückwärts. Wenn Ihr Ziel darin besteht, mehr Kunden in Ihr E-Commerce-Geschäft zu bringen, ist der Grund für Ihr IG-Konto die Steigerung der Besucherzahlen, und alles, was Sie auf IG tun, muss dieses Ziel irgendwie unterstützen. Ich werde Ihnen später in diesem Buch ein detailliertes Beispiel dafür zeigen, wie ich IG nutze, um den Verkehr zu steigern. Wenn Sie hingegen Physiotherapeut sind und IG nutzen, um neue Kunden zu gewinnen, besteht Ihre beste Strategie darin, alle Ihre bestehenden und neuen Follower persönlich zu kontaktieren, um eine Beziehung aufzubauen und mit ihnen in Kontakt zu treten.

Unabhängig davon, was Sie erreichen wollen, überlegen Sie, wie IG von dem, was Sie tun, profitieren kann. Niemand weiß, wie der IG-Algorithmus funktioniert. Sie müssen sich darüber auch keine Gedanken machen, solange Sie sich darauf konzentrieren, mit Ihren Followern in Kontakt zu treten, Aufmerksamkeit und Engagement zu erhalten und zu wissen, wie alles, was Sie auf IG posten, zu Ihrem Geschäftsmodell passt.

Kapitel zwei: Sei der Führer auf der Heldenreise deiner Anhänger

Eine der Personen, denen ich im Bereich der persönlichen Marke folge, ist Mike Kim. Mike hat einen Podcast und hat vor kurzem sein Buch *"Du bist die Marke"* veröffentlicht, das sofort zum Bestseller wurde. In Folge 301 von Mikes Podcast brachte er einen interessanten Gedanken zur Sprache, der mir schon seit Jahren durch den Kopf geht: dass die meisten der so genannten "Influencer" im Grunde nur sehr wenig oder manchmal *gar nichts* Wertvolles zu sagen haben. Ich nenne das gewöhnlich die "Influencer-Falle". Viele Menschen streben danach, "Influencer" zu sein, aber sie betrachten die Sache aus der Ich-Ich-Perspektive und denken, dass sie durch das bloße Teilen einer beliebigen Nachricht (z. B. was sie zu Mittag gegessen haben) an Popularität gewinnen und reich und berühmt werden. Ich denke, das ist ein großer Fehler, den viele Leute machen, wenn sie mit IG Geld verdienen wollen. Mir gefällt Mikes' Ansicht zu diesem Thema, weil er "Einfluss" in drei Kategorien unterteilt. Diese drei Kategorien sind Experten, Influencer und Vordenker.

Experten verfügen über ein enormes Wissen und modernste Kenntnisse, aber fast niemand kennt sie, und nur sehr wenige Menschen folgen ihnen. Denken Sie zum Beispiel an einen Matheprofessor.

Influencer hingegen verfügen (oft) über wenig oder gar kein Expertenwissen zu einem bestimmten Thema, aber viele Menschen folgen ihnen (irgendwie).

Die Kombination aus beiden, mit Expertenwissen und vielen Anhängern, ist das, was Mike als "Vordenker" bezeichnet. Denken Sie an jemanden wie Tony Robins aus dem Bereich der persönlichen Entwicklung.

Wenn wir Mikes Konzept der "Vordenker" nicht nur auf Unternehmen mit eigener Marke anwenden, sondern auch auf kleine Unternehmen, dann haben wir etwas, das wir als "Leitfaden" bezeichnen können.

Sei der Führer

Wenn es etwas gibt, das wir Menschen lieben, dann ist es eine gute alte Heldenreise, vor allem, wenn wir selbst der Held sind. Wenn Sie an diese Reise denken, kennen Sie die Geschichte, in der der Held alle möglichen Hindernisse überwindet, nur um dann wieder zu stürzen, sich überwältigt zu fühlen, die Schultern abzustauben und weiterzumachen, um sein volles Potenzial zu erreichen. Genau so müssen Sie Ihre IG-Follower sehen. Sie sind Helden auf ihrer Reise. Und was macht das aus Ihnen? Sie sind der Führer, oder besser gesagt, Ihr Unternehmen verkauft die Leitprinzipien, die Lösung, die Ausrüstung und die Ausbildung. Ihr Unternehmen ist der Kompass, dem die Helden folgen werden. Sie suchen bei Ihnen nach Inspiration, Motivation und den Ressourcen, um auch in den dunkelsten Nächten weiterzumachen. Sie werden in Ihren IG-Beiträge nach der Stimme der Beruhigung suchen.

Im Allgemeinen sind die größten Herausforderungen im Leben der Menschen Geldmangel, Gesundheit oder erfolglose Beziehungen. Die Menschen folgen Ihnen wahrscheinlich, um ein Problem in einem dieser Bereiche zu lösen. Ihr Unternehmen kann ein Wegweiser für diejenigen sein, die nach finanzieller Freiheit, Erfolg oder besserer Gesundheit suchen. Sie können ihnen die Werkzeuge an die Hand geben, die sie brauchen, um ihr Ziel zu erreichen, und ihnen zeigen, wie sie diese Werkzeuge effektiv nutzen können, indem Sie ihr Guide auf IG sind.

Wenn Sie erst einmal eine Fangemeinde haben, die Ihnen vertraut und Sie als Guide sieht, wird Ihr IG-Einkommenspotenzial erst richtig aufblühen. Es ist schwierig, IG zu monetarisieren, selbst wenn Sie viele Follower haben, wenn Sie keine echten Probleme für echte Menschen lösen. Wenn Sie sich als Guide positionieren und echten Einfluss haben, haben Sie viel mehr Möglichkeiten, Ihre Produkte auf IG zu verkaufen, und der schöne Vorteil dieses Ansatzes ist, dass Sie nicht tonnenweise Follower brauchen, um auf IG Geld zu verdienen. Meiner Meinung nach können Sie mit diesem Ansatz Ihr IG-Konto vom ersten Tag an monetarisieren.

Der Wegweiser zu sein und echten Einfluss zu haben, bedeutet, die Herausforderungen zu verstehen, mit denen Ihre Follower konfrontiert sind, und dann auf einzigartige und interessante Weise eine Lösung anzubieten. Auf diese Weise wird Ihr IG-Konto zu einem Magneten, der die Menschen anzieht, und Sie können dies in allen Nischen tun.

Der Weg zum Leitfaden ist ein relativ leichtes, aber nicht einfaches Unterfangen. Der schwierige Teil besteht darin, herauszufinden, was

Ihr Markt lesen möchte, zu erkennen, woran er interessiert ist, und Lösungen für seine Probleme zu finden.

Vergleichen Sie den Guide-Ansatz mit dem üblichen Influencer-Ansatz. Guides nennen sich nicht "Influencer". Sie haben nicht das Bedürfnis, sich als Influencer zu bezeichnen. Sie sind zu sehr damit beschäftigt, spannende Dinge zu tun und ihre Ideen mit ihren Anhängern zu teilen. Viele neigen jedoch dazu, sich selbst als "Influencer" zu bezeichnen, ohne einen wirklichen Einfluss zu haben. Diese Menschen werden nicht wegen ihrer Ratschläge oder der von ihnen produzierten Inhalte als Influencer bezeichnet, sondern weil sie viele Follower haben. Selbsternannte Influencer sind eingebildet, teilen seichte Ideen und zwingen uns nutzlose Inhalte auf, und ganz nebenbei haben die meisten von ihnen Mühe, auf IG Geld zu verdienen.

Um zum Guide zu werden, muss man ein interessanter Mensch sein, der interessante Dinge mitzuteilen hat, und man muss auf seine Art authentisch sein. Das ist natürlich leichter gesagt als getan, aber es bietet eine Alternative zum Begriff "Influencer", den viele von uns leid sind.

In der heutigen Marketingwelt wird viel über die "Erstellung von Inhalten" gesprochen. Aber ist das das Einzige, was zählt, um auf IG Geld zu verdienen? Das glaube ich nicht. Was oft fehlt, ist es, interessant zu sein und mit seinen Followern in Kontakt zu treten. Viele so genannte "Schöpfer von Inhalten" begnügen sich damit, tonnenweise seichte Inhalte zu veröffentlichen, wodurch eine nette Bibliothek von Inhalten aufgebaut wird, aber darum geht es bei IG nicht. Eine Bibliothek von Inhalten ist nicht gleichbedeutend mit Geld auf der Bank.

Interessant und authentisch zu sein und sich auf die IG-Strategie zu konzentrieren, mit der man Geld verdienen kann (Aufmerksamkeit erregen, sich engagieren und Menschen dorthin führen, wo man sie haben möchte), das ist es, was Ihnen Geld einbringen wird.

Wie bereits erwähnt, müssen Sie Ihren Followern die richtigen Fragen stellen, um die richtigen Einblicke zu erhalten, wenn Sie IG mit einer Verbindungsmentalität angehen. Und mit den richtigen Erkenntnissen können Sie diese als Bausteine für alle Ihre Inhalte verwenden. Auf diese Weise können Sie bald die Gedanken Ihrer Follower lesen, wie meine Freundin Marie.

Jeder Ihrer Follower hat andere Hoffnungen, Ängste und Träume und hat seine eigene Heldenreise. Um mit ihnen in Kontakt zu treten, müssen Sie ihnen Fragen stellen, auch wenn das anfangs beängstigend ist. Sie können ihnen auf viele Arten Fragen stellen. Am liebsten versuche ich, meine Follower zu einem Videoanruf zu bewegen, aber DM funktioniert auch gut.

Finde heraus, wo deine Follower wirklich leiden

Diese dreistufige Struktur habe ich mir von Ramit Sethi abgeschaut. Jedes Mal, wenn ich die Gelegenheit habe, mich mit einem meiner Anhänger zu unterhalten und das Gefühl habe, dass er sich öffnen kann, verlasse ich mich bei meiner Suche nach Einsichten auf diese Struktur.

1. Sie dazu bringen, sich zu öffnen

Wenn Sie einem Follower eine Frage stellen, müssen Sie dies auf eine Weise tun, die ihn dazu bringt, sich Ihnen zu öffnen. Nehmen wir zum Beispiel an, dass Ihre Frage viele Fakten enthält. Anstatt eine Frage zu sein, wie sie eigentlich sein sollte, wird sie zu einer Aussage, bei der Sie auf Zustimmung oder Rückmeldung hoffen. Aber leider ebnet dies nicht den Weg für den Follower, sich Ihnen zu öffnen.

Um Ihre Follower dazu zu bringen, sich zu öffnen, sollten Sie ihnen kurze Fragen in einfacher Form stellen. Konzentrieren Sie sich auf das "Warum" und "Wie" und geben Sie ihnen Anreize, sich Ihnen zu öffnen. "Kannst du das bitte erklären" oder "Könntest du ein paar Beispiele nennen" sind eine gute Möglichkeit, um die Dinge in Gang zu bringen.

Die Verbindung zu Ihren Followern ist eine zweiseitige Straße. Nicht nur Sie müssen sich mit ihnen verbinden, sondern auch sie mit Ihnen. Nur so werden sie sich Ihnen gegenüber öffnen können.

2. Entdecken Sie ihre Bedürfnisse

Jede Frage, die Sie stellen, muss einen Zweck haben - und in diesem Fall sollte es darum gehen, ihre Bedürfnisse herauszufinden. Wenn es Ihnen gelungen ist, den Follower in der ersten Phase dazu zu bringen, sich zu öffnen, müssen Sie ihn dazu bringen, die richtigen Informationen preiszugeben. Viele Fragen können Ihnen dabei helfen, aber hier sind nur einige von ihnen, die Sie verwenden können:

- Was hat Ihr Interesse geweckt, diesem Konto zu folgen? (Die Antwort könnte lauten: "Ich möchte mehr darüber erfahren, wie ich in Form komme")
- Was ist der Hauptgrund, der Sie daran hindert, [gewünschtes Ergebnis einfügen] zu erreichen?
- Was sind Ihre kurzfristigen Ziele? Wie sieht es mit den langfristigen Zielen aus?

- Gibt es Möglichkeiten für mich/uns, Ihren Bedürfnissen besser gerecht zu werden?
- Was sind Ihrer Meinung nach im Moment Ihre Prioritäten?

Die Fragen können sich je nach Ihrer Nische, der Dienstleistung, die Sie anbieten, und der Person, mit der Sie es zu tun haben, ändern. Manchmal ist es am besten, gleich mit der Frage "Was sind Ihre aktuellen Bedürfnisse?" loszulegen und dann zu sagen: "Toll, ich habe ein Produkt, das Ihnen dabei helfen wird, das zu erreichen. Wären Sie bereit, ein 30-minütiges Verkaufsgespräch zu vereinbaren, um zu sehen, ob es zu Ihnen passt?"

Außerdem müssen Sie sich bewusst sein, dass Sie viele Folgefragen stellen müssen. Manchmal weiß der Kunde vielleicht gar nicht, was er braucht - dann müssen Sie seine Gedanken anzapfen, um es herauszufinden.

3. Seien Sie vorsichtig mit emotionalen Minen

Wie oft haben Sie einem Interessenten, Kunden oder Anhänger eine Frage gestellt, nur um dann zu sehen, wie sich alles gegen Sie wendet? Ich erinnere mich an ein bestimmtes Mal, als mir das passiert ist. Diese eine Dame meldete sich bei mir, stellte ein paar Fragen und fragte, ob wir ein 30-minütiges Beratungsgespräch vereinbaren könnten. Mein erster Gedanke war: "Ja! Sie will mein Programm kaufen! Ich rufe besser gleich an!". Wir buchten den Anruf drei Tage später, aber das hielt sie nicht davon ab, mir Tage vor dem Anruf lange E-Mails zu schicken. Es waren sehr emotionale E-Mails, in denen es um ihre Wünsche ging, um ihre zerbrochenen Träume und darum, dass die Gesellschaft nicht an sie glaubte.

Drei Tage später riefen wir an. Mein ursprünglicher Plan war natürlich, mein Coaching-Programm zu verkaufen, aber dieser Anruf wurde irgendwie zu einer 1,5-stündigen Therapiesitzung. Als ich sie fragte, warum sie sich an mich wandte, erzählte sie mir ihre ganze Vorgeschichte. Und als wir über den Preis sprachen, wurde mir klar, dass sie überhaupt keine Kaufabsicht hatte. Nach diesem Anruf war ich völlig erschöpft, aber es war eine gute Lektion: Wenn Sie spüren, dass Sie auf eine falsche emotionale Mine getreten sind, sollten Sie so schnell wie möglich verschwinden!

Wenn Sie jedoch auf die richtige emotionale Landmine treten, können Sie eine noch stärkere Verbindung zu Ihren Anhängern aufbauen, indem Sie deren Emotionen zu Ihrem Vorteil nutzen.

Denken Sie an die vielen Male, in denen Sie mit Ihren Bedürfnissen herausgeplatzt sind, nur weil Sie wegen einer Sache emotional wurden. Das liegt in unserer Natur - und Sie können sicher sein, dass dies auch bei Ihren Followern der Fall sein wird. Deshalb ist es ratsam, Fragen zu stellen, die Emotionen hervorrufen - z. B. Verlangen, Erregung und so weiter.

Strategien zur Erstellung verbindender Inhalte

Alles wird plötzlich interessant, wenn Sie Ihren Followern auf ihrer Reise helfen, indem Sie Empathie zeigen und sich selbst treu bleiben. Alles, was sie Ihnen sagen, kann genutzt werden, um Beiträge zu verfassen, die sie ansprechen. Mit den zwei einfachen Fragen "Bei welcher Heldenreise helfe ich?" und "Wie helfe ich?" können Sie überall Ideen finden.

Ich lese gerne, und Bücher enthalten wertvolle Ideen. Wenn ich lese, suche ich immer nach kleinen Konzepten, Zitaten oder etwas, das sich authentisch anfühlt und einen Bezug zu meinen Followern herstellen kann. Sie können aber auch Ideen aus Filmen, Fernsehsendungen, Kunstwerken oder anderen Dingen ableiten. Wenn du herausfindest, wie du deine Inhalte mit diesen größeren Quellen verbinden kannst, kannst du Menschen leicht inspirieren und sie auf ihre eigene Heldenreise führen.

Eine Form des einzigartigen Geschmacks entwickeln

Was die "seichten" Inhalte von den transformativen und folgenswerten Inhalten unterscheidet, die Sie posten werden, ist Ihr Geschmack und wie Sie Ihre Ideen mit Geschmack verbinden. Die Entwicklung eines einzigartigen Geschmacks und die Art und Weise, wie Sie die Heldenreise Ihrer Follower lösen, macht Sie interessant. Dieser Geschmack kann nur entstehen, wenn Sie eine solide Grundlage und Wissen über Ihre Follower und alles, was mit ihnen zu tun hat, entwickeln. Vielleicht haben Sie eine Vorliebe für Geschichte, so dass Sie viele historische Anekdoten einbauen, oder Sie haben eine Vorliebe für eine bestimmte Küche, so dass Sie Ihre Inhalte darauf abstimmen, oder Sie haben eine Vorliebe für eine bestimmte Art von Mode und entwickeln etwas, das sich darum dreht.

Deshalb ist der zweigleisige Ansatz, Ihre Zielgruppe zu verstehen (was für sie wichtig ist, auf welcher Heldenreise sie sich befindet, welche Probleme Sie für sie lösen) und Ihren Geschmack zu entwickeln, so wichtig. Das hilft Ihnen, mit Ihrer Zielgruppe auf eine Weise in Kontakt zu treten, die sie interessant findet, und es hilft Ihnen auch, Ideen zu finden, was für sie interessant sein könnte.

Wenn Sie Ihr Wissen weitergeben, bedeutet das auch, dass Sie Ihre Fehler oder Misserfolge mitteilen, damit andere daraus lernen können und sich die Zeit, die Mühe und die finanziellen Mittel sparen können, die Sie in das Lernen dieser Lektionen investiert haben. Sie können sowohl Ihre eigenen als auch die persönlichen Geschichten anderer teilen, Tipps zur Lösung von Problemen geben, Lösungen für Probleme aufzeigen, die Sie in der Vergangenheit für Ihr Publikum gelöst haben, und vieles mehr. Das Wichtigste bei der Weitergabe von Wissen ist, dass Sie dadurch Ihren Geschmack in Bezug auf die Dinge entwickeln, die Ihre Follower interessieren. Betrachten Sie dies als Ihren emotionalen Fingerabdruck. Der einzige Weg, Ihren emotionalen Fingerabdruck zu entwickeln, besteht darin, die Interessen Ihrer Follower im Auge zu behalten und mit ihnen in Kontakt zu bleiben.

Da Instagram eine Plattform ist, auf der Menschen neue Inhalte entdecken, können Sie es sich leisten, mit verschiedenen Arten von Inhalten zu experimentieren. Sie können zum Beispiel Fotos von Dingen hochladen, die Sie lieben, Links zu Artikeln oder Interviews mit Influencern in Ihrer Branche, witzige Fakten über Ihre Branche und alles, was mit Ihrer Nische oder Ihren Interessen zu tun hat. Unterm Strich ist es egal, welche Art von Inhalten Sie hochladen, solange sie interessant und für Ihre Zielgruppe relevant sind.

Übung: Machen Sie ein Brainstorming zu zehn verschiedenen Posten

Es ist an der Zeit, alles, was wir bisher behandelt haben, zu verpacken und auf IG zu experimentieren. Der einzige Weg, auf IG Geld zu verdienen, ist, praktisch zu werden, was bedeutet, zu posten, zu testen und ehrliches Rückmeldung von Ihren Followern einzuholen. Überlegen Sie, wie Sie sich als Held auf der Reise Ihrer Follower positionieren können, und überlegen Sie sich ein paar verschiedene Ideen, die Sie in IG-Beiträge umsetzen können.

Kapitel 3: Durchführung von Experimenten zum Geldverdienen

IG bietet die perfekte Umgebung für Experimente zum Geldverdienen. Sie können einen Beitrag in weniger als 30 Minuten erstellen und fast sofort sehen, ob Sie Ihr Ziel erreicht haben oder nicht. Wenn eine bestimmte Art von Beitrag die Aufmerksamkeit Ihrer Follower erregt und die gewünschten Ergebnisse bringt, sollten Sie mehr davon machen! Und wenn eine bestimmte Art von Posting floppt, super! Betrachten Sie das als ein wertvolles Experiment und versuchen Sie es mit dem nächsten Beitrag. Ihre Strategie sollte ein wenig locker und fließend sein und Sie sollten ständig mit neuen Dingen experimentieren, um die Erfolgsformel zu finden, die bei Ihren Followern gut ankommt. In diesem Kapitel zeige ich Ihnen, wie Sie diese Experimente mit hoher Geschwindigkeit durchführen und alles, was Sie auf IG posten, als *Produkt betrachten können.*

Wenn du neu bei IG bist und keine Follower hast

Wenn Sie gerade erst auf IG anfangen und keine oder nur sehr wenige Follower haben, können Sie sich freuen! Es scheint, als würde der IG-Algorithmus neue Konten pushen und ihnen im Vergleich zu älteren Konten eine (viel) höhere organische Sichtbarkeit verleihen. Es macht Sinn, dass IG das tut. IG möchte, dass du (der Nutzer) so schnell wie möglich so viele Follower wie möglich bekommst, weil du dann das

Gefühl hast, dass viele Leute begeistert sind von dem, was du tust, was dich dazu bringt, mehr Zeit auf IG zu verbringen (damit IG deine Aufmerksamkeit monetarisieren kann). Darüber hinaus möchte IG den Nutzern immer wieder neue Konten in ihrem "Entdeckungs-Feed" empfehlen, die sie erkunden können.

Wenn Sie neu bei IG sind, möchte ich Sie nur bitten, vorsichtig zu sein. Der Zweck eines IG-Kontos ist es, Geld zu verdienen und einen Beitrag zu Ihrem Unternehmensergebnis zu leisten. Es geht nicht darum, beliebige Follower zu jagen oder sich darüber aufzuregen, wie viele "Likes" man bekommt.

Wenn du eine bestehende Followergemeinde bei IG hast

Unabhängig davon, ob Sie eine kleine oder große IG-Fangemeinde haben und unabhängig von Ihren bisherigen IG-Strategien, seien Sie darauf vorbereitet, einige Ihrer Follower zu verlieren, sobald Sie mit diesen Geldverdien-Experimenten beginnen. Follower zu verlieren tut weh, aber es ist eine gute Sache. Follower, die sich nicht für Ihr Angebot interessieren, sind totes Gewicht, und Sie wollen Ihre bestehenden Follower so schnell wie möglich segmentieren, um dieses Gewicht zu entfernen. Abgesehen davon werden Sie mit der Zeit mehr neue Follower bekommen, aber ältere Konten lassen sich nur schwer "aufwecken" und erfordern mehr Arbeit, bevor der Algorithmus sie aufgreift und sie wie neue Konten "boostet". Daher kann es sein, dass Sie mehr Follower verlieren, als Sie gewinnen, wenn Sie mit diesem neuen Ansatz beginnen.

Alle deine IG-Beiträge als Produkte anzeigen

Eli Schwarts Buch Product Led SEO hat mir wirklich die Augen für SEO geöffnet. In diesem Buch spricht Eli darüber, warum die meisten

SEO-Strategien fehlerhaft sind (sie neigen dazu, sich nur auf Google-Rankings zu konzentrieren) und warum jede SEO-Bemühung als ein *Produkt* betrachtet werden sollte. Er meint, dass jeder SEO-Inhalt sorgfältig entworfen werden sollte, um die Wünsche der Kunden zu wecken und sie an einen bestimmten Ort zu führen, mit dem Ziel, sie zu Kunden zu machen. Ich liebe dieses Konzept. Denken Sie einfach mal darüber nach... Wie oft haben Sie nicht schon gehört, dass es bei SEO nur um Rankings geht? Sicher, Rankings mögen wichtig sein, aber eine hohe Platzierung bei Google ist nichts wert, wenn der Verkehr nicht zum Endergebnis beiträgt.

Als ich Elis Buch las, hatte ich eine Erleuchtung, als ich verstand, dass das gleiche Konzept auf IG angewendet werden kann! Es hat mich umgehauen, als mir klar wurde, dass alles, was ich auf IG mache, als PRODUKT angesehen werden kann. Alles, was du auf IG postest, egal ob es sich um Feed-Beiträge, Geschichten oder Videos handelt, hat ein paar Bestandteile. Du hast eine Bild- oder Videodatei, einen geschriebenen Text und vor allem das zugrundeliegende "Problem" (oder die Reise des Helden), das dein Inhalt (Beitrag, Geschichte, Video) unterstützt. Wenn Sie all diese Zutaten verpacken, erhalten Sie ein Produkt. Ein Feed-Beitrag ist eine Art von Produkt. Ein Geschichte-Post ist ein Produkt. Ein 20-Sekunden-Reel ist ein Produkt. Alles, was Ihre Follower von Ihnen konsumieren, kann als ein Produkt betrachtet werden.

Wenn Ihre Follower Ihr Produkt nutzen (d. h. Ihre Inhalte konsumieren), führt das Produkt Ihre Follower durch ihre Reise, so dass sie mehr von Ihren Produkten nutzen möchten. Das Posten auf IG wird dann zu einer Art Kette, bei der jeder Beitrag ein kleines Produkt ist.

Der Zweck eines Produkts ist es, Geld zu verdienen

Der Zweck der Veröffentlichung eines Produkts (Beiträge auf IG) sollte sein, Geld zu verdienen. Das bedeutet jedoch nicht, dass alle Ihre Beiträge VerkaufsBeiträge sein müssen, sondern vielmehr, dass alle Ihre Beiträge zu Ihrem Geschäftstrichter passen sollten. Hier ist der große Unterschied zwischen diesem Ansatz und dem Ansatz der "Inhaltserstellung". Wenn ein "Content-Creator" etwas postet, ist es in den meisten Fällen nicht mit dem allgemeinen Geschäftstrichter synchronisiert und trägt daher nicht zum Geschäftsergebnis bei.

Zwei meiner Experimente zum Geldverdienen

Wenn Sie darüber nachdenken, welches Produkt Sie erstellen möchten, nehmen Sie sich ein paar Minuten Zeit, um zu überlegen, was Sie mit dem Produkt, das Sie im Sinn haben, erreichen möchten. Wenn Sie einen Feed-Post erstellen, was hoffen Sie zu erreichen? Wenn ich einen Feed-Post schreibe, möchte ich, dass die Leute kommentieren, und ich möchte die Konversation zu DM bringen und dort meine Magie wirken lassen. Hier ist ein Beispiel dafür, wie ich das mit einem einfachen Feed-Video-Experiment gemacht habe.

Sehen Sie sich dieses Video hier an:

Die Qualität ist ziemlich schlecht, die Beleuchtung ist schlecht, und ich sehe auch ein bisschen müde aus. Und es hat nur 225 Aufrufe und fünf Kommentare. Was für ein Misserfolg! Oder?

Nein.

Was hier nicht gezeigt wird, ist, dass dieses Video mich 400 Dollar gekostet hat.

Schauen Sie sich die Kommentare unter dem Video an.

Das ist echtes Engagement. Sie ist an dem, was ich sage, interessiert. Wenn Sie in Kommentaren wie diesem echtes Engagement erfahren, sollten Sie das als grünes Licht betrachten, um das Gespräch auf DM zu verlagern.

Wir unterhielten uns im DM, und ich tat mein Bestes, um mit ihr in Kontakt zu treten, um mehr über ihre Wünsche zu erfahren.

Von DM aus führten wir das Gespräch per E-Mail und über Zoom, und sie meldete sich für eines meiner Coaching-Programme an.

Das ist ein langer Trichter, ich weiß. Es sind viele Schritte von den Kommentaren bis zum Verkauf, aber das ist es, was ein einfaches Videoexperiment bewirken kann, auch wenn ich von außen wie ein "Versager" aussehe.

Die Lektion aus diesem Test:
Denken Sie nicht zu viel über Ihre Experimente nach. Selbst ein "hässliches" Video mit 225 Aufrufen kann auf IG Geld einbringen... solange es in Ihren Business Funnel passt!

Ich liebe es, in IG-Geschichten zu verkaufen. Für mich sind Geschichten das stärkste Verkaufsinstrument auf IG. IG hat vor kurzem die Möglichkeit für uns alle hinzugefügt, URL-Links in unsere Geschichten einzubauen, was super effektiv ist. Meine Standardstrategie für den Verkauf in IG-Geschichten besteht aus 3-5 Folien, die in drei Kategorien unterteilt sind. Die erste Kategorie zielt darauf ab, Aufmerksamkeit zu erregen und eine Verbindung herzustellen, die zweite dient dazu, einen Kontext aufzubauen, und die dritte soll meine Follower auf eine Website verweisen oder sie zu einer Aktion ermutigen.

Hier ist ein Geschichte-Funnel, mit dem ich 2 Stunden verbracht habe und der keine Resonanz fand (diese Geschichte wurde ursprünglich auf Schwedisch veröffentlicht):

BIST DU GLÜCKLICH
MIT WIE VIEL
GELD, DAS DU BIST
MACHEN?

1

DIE MEISTEN MENSCHEN SIND
ES NICHT. SIE WOLLEN MEHR MACHEN
VIEL MEHR.

2

SIE WOLLEN
PASSIV VERDIENEN
EINKOMMEN

3

EINE MÖGLICHKEIT ZU VERDIENEN
PASSIVES EINKOMMEN IST
BÜCHER VERÖFFENTLICHEN
ON AMAZON.

4

AMAZON KANN
VERKAUFEN SIE IHRE
BÜCHER FÜR DICH.

5

MEINE BÜCHER HABEN
HERGESTELLT ÜBER $12.000
IM PASSIVEN EINKOMMEN
DIESJÄHRIG.

6

YOU KANN IHRE STARTEN
EIGENER VERLAG
GESCHÄFT IN FAST
NO TIME

7

BIST DU BEREIT
PASSIV MACHEN
EINKOMMEN BEI AMAZON?
ERREICHEN SIE MICH IN
DM. UND LASS UNS REDEN

8

Können Sie sich vorstellen, warum dieser Test nicht funktioniert hat?

Wenn ich mir diesen Trichter mit acht Folien jetzt ansehe, ist mir klar, dass er viel zu lang und wahrscheinlich auch ein bisschen zu langweilig ist. Ich hätte ihn kürzen, die Schriftarten und Bilder ändern und viel mehr über die Vorteile meiner Coaching-Programme sprechen sollen. Aber hey, das habe ich nicht getan, und das ist in Ordnung. Ich habe das einfach als wertvolles Experiment abgetan und den Kopf hochgehalten.

Sind Sie bereit, mit Ihren Produkten zu experimentieren?

Dein Produkt erstellen

Es ist an der Zeit, alles, worüber wir bisher gesprochen haben, zu verpacken und Ihr Produkt zu erstellen (d. h. Ihre Beiträge zu verfassen). Berücksichtigen Sie alles und denken Sie darüber nach, wie Sie der Wegweiser sind, denken Sie an die Heldenreise Ihrer Follower, an ihre grundlegenden Fragen, beziehen Sie Ihren einzigartigen Geschmack mit ein, wagen Sie den Sprung und erstellen Sie Ihr Produkt. Die meisten IG-Profis plädieren für "Inhaltskategorien" oder "Inhaltseimer", d. h. für ein paar breit gefasste Kategorien, um die herum Sie ständig Produkte produzieren (Inhalte erstellen). Für einen Wellness-Coach könnte das eine Kategorie für Sport, eine für Diäten und eine für Erholung und Ruhe sein. Sie können das Spektrum so weit oder so eng fassen, wie Sie wollen. Normalerweise denke ich nicht so sehr über die Inhaltskategorien nach, aber es ist eine Strategie, die man im Hinterkopf behalten sollte, um sicherzustellen, dass man mit allen Arten von Menschen in seiner Nische in Kontakt kommt.

Nehmen wir an, Sie entscheiden sich für ein Experiment mit einem Feed-Post mit zwei Dias. Dafür brauchen Sie ein Bild und müssen einen Text verfassen. So machen Sie es richtig:

Starte dein Canva-Konto

Unzählige Tools können Ihnen helfen, Ihr IG-Spiel zu erleichtern und zu perfektionieren. Ich erstelle meine Beiträge zum Beispiel mit Canva. Canva ist ein Online-Grafikdesign-Tool, das die Fotobearbeitung zu einem Kinderspiel macht. Es verfügt über eine riesige Datenbank mit kostenlosen Bildern, Schriftarten und Layouts, mit denen du schöne, auffällige Beiträge erstellen kannst. Richten Sie ein Canva-Konto ein (canva.com) und sehen Sie sich die Layouts an.

Die Wahl des richtigen Bildes

Instagram ist eine sehr sichtbare Plattform, was bedeutet, dass das Bild einen großen Teil Ihres Produkts ausmacht. Die allgemeine Regel lautet: Entwerfen Sie etwas, das "den Lärm durchbricht", wobei Sie sich bewusst sind, dass das Ziel Ihres Produkts darin besteht, mit Ihren Followern auf ihrer Reise in Verbindung zu treten. Mit anderen Worten: Sie wollen nicht aus den falschen Gründen herausstechen, sondern sich in den Kontext des Problem einfügen, das Sie zu lösen versuchen. Es geht Ihnen nicht darum, um des Auffallens willen aufzufallen, denn das wird niemals zu mehr Umsatz führen. Stattdessen sollen Ihre Bilder wie ein Magnet wirken, an dem sich Ihre Anhänger erfreuen.

Ich bin kein sehr talentierter visueller Künstler, und meine Designfähigkeiten sind begrenzt. Meine Strategie war schon immer, den größten Teil des Verkaufs meinen Fähigkeiten als Texter zu überlassen. Das heißt, wenn Ihr Bild schlecht ist, wird es schwer sein, die Aufmerksamkeit zu bekommen, die Sie brauchen, um Geld zu verdienen. Ich empfehle, mit etwas sehr Einfachem zu beginnen, wie einem weißen Hintergrund oder einem einfachen Bild. Das reicht in der Testphase aus. Es geht nicht darum, es perfekt zu machen; der Zweck ist, anzufangen.

Nehmen wir für dieses Experiment an, Sie seien ein Online-Yogalehrer und Ihr Ziel bei IG sei es, mehr Leads und Anmeldungen für Ihren Online-Kurs zu bekommen. Sie haben IG schon einmal ausprobiert, aber es hat nicht wirklich "klick" gemacht, und jetzt versuchen Sie es noch einmal. Ihr erster Schritt sollte darin bestehen, ein Bild zu wählen, das zur Heldenreise Ihrer Follower passt. Deren Heldenreise könnte zum Beispiel "ein stressfreies Leben führen" sein, also wählen Sie ein Bild, das Yoga und Gelassenheit signalisiert, wie dieses hier:

Behalten wir dieses Bild und gehen wir zu dem über, was Sie in Ihr Bild und Ihre Bildunterschrift schreiben.

Werbetexte für IG

Werbetexten ist die am meisten unterschätzte Fähigkeit im Marketing. Ich weiß nicht, warum. Vielleicht, weil es sexier ist, über Werbeausgaben und die heißesten Hashtags des Tages zu sprechen? Aber seien wir mal ehrlich: Wenn du gut im Texten bist, kannst du auf IG deutlich mehr Geld verdienen. Alles, was Sie auf IG schreiben, ist in der einen oder anderen Formular-Texterstellung - jedes einzelne Wort. Der Text, den du in deine Bilder einfügst, ist Werbetexten. Der Text, den Sie in Ihre Bildunterschrift schreiben, ist Werbetexten. Alles, was Sie schreiben, ist Werbetexten.

Die Werbetextformel AIDA

Es gibt viele verschiedene Formeln für das Schreiben von Texten, und es gibt viele verschiedene Formen von Texten. Ich empfehle Ihnen dringend, sich die Zeit zu nehmen, um die verschiedenen Arten von

Texten zu lernen, die Sie in Ihrem Unternehmen schreiben. Als Ausgangspunkt für das Schreiben von IG-Beiträgen, die gut genug sind, empfehle ich jedoch die klassische AIDA-Formel. AIDA steht für Aufmerksamkeit, Interesse, Wunsch und Aktion.

Achtung

Der erste Schritt ist immer, die Aufmerksamkeit der Menschen zu gewinnen. Wenn man ihre Aufmerksamkeit nicht erlangen kann, wird es schwer sein, etwas zu erreichen. Wie bekommt man auf IG die Aufmerksamkeit von jemandem? Heutzutage ist das nicht einfach, aber es gibt ein paar Dinge, die man tun kann. Zunächst einmal müssen Sie sich direkt an Ihre Zielgruppe wenden. Die Worte, die Sie verwenden, müssen auf Ihren Zielmarkt zugeschnitten sein. Beim Geldverdienen auf IG geht es nicht darum, jedermanns Aufmerksamkeit zu erregen und "den Lärm zu durchbrechen", wie bereits erwähnt. Es geht darum, die Aufmerksamkeit der richtigen Leute zu bekommen. Das ist das Einzige, was zählt. Wenn Sie Ihre Bilder gestalten, denken Sie nicht daran, was Ihrer Meinung nach "gut aussieht". Denken Sie stattdessen an Ihren Zielmarkt. Das Gleiche gilt für Überschriften. Schreiben Sie keine "einprägsamen" Überschriften um der Einprägsamkeit willen. Schreiben Sie Überschriften, die Ihren Markt ansprechen!

Interesse/Verlangen

Wenn Sie die Aufmerksamkeit Ihres Zielmarktes gewonnen haben, was nun? Jetzt ist es an der Zeit, tiefer zu graben und sie dazu zu bringen, dem zuzuhören, was Sie zu sagen haben. Dies ist der schwierigste Teil. Wenn Sie ihre Aufmerksamkeit erregt haben, aber nicht mit etwas Interessantem weitergemacht haben, werden sie höchstwahrscheinlich weiter scrollen und nie wiederkommen.

Angenommen, Sie schreiben einen aufmerksamkeitsstarken Bildtext und bringen Ihren idealen Kunden dazu, das Blättern zu unterbrechen. Jetzt müssen Sie das Interesse wecken, indem Sie etwas erzählen, das den Kunden interessiert. Das können Sie tun, indem Sie eine Geschichte erzählen, die den Kunden anspricht, oder über etwas sprechen, das mit seinen Hoffnungen, Ängsten und Träumen zu tun hat. Der Trick dabei ist, sich immer zu fragen: "Was ist für sie drin? Was ist für sie drin?" In diesem Stadium geht es nicht um Sie, sondern um sie. Es geht um ihre Interessen, nicht um Ihre.

Wenn Sie den Teil des Interesses/Wunsches in Ihrem Text treffen, will Ihr Publikum MEHR. Der von Ihnen verfasste Text hat sie erregt, ihr Blut in Wallung gebracht und das Dopamin in ihrem Körper zum Fließen gebracht. Sie wollen mehr, und zwar JETZT.

Verstehen Sie, wie das funktioniert? Sie zwingen sie zu diesem Zeitpunkt zu nichts; Sie haben ihre Aufmerksamkeit geweckt und ihr Interesse geweckt. Sie haben es fast geschafft; jetzt müssen Sie nur noch den Teil mit der Aktion nicht vermasseln.

Aktion

Wahrscheinlich haben Sie schon einmal von dem Begriff CTA gehört, der für *Aufruf zum Handeln* steht. CTAs sind in der Texterstellung super wichtig. CTAs bringen Menschen dazu, deine Produkte zu kaufen, sich in deine E-Mail-Liste einzutragen, dich zu kontaktieren, deine Beiträge zu liken (nicht so wichtig, aber es ist trotzdem eine Aktion) und ihren Freunden zu erzählen, wie toll du bist.

Ein CTA ist eine Aufforderung, eine Aussage oder eine Frage am Ende Ihres Textes, die wie eine unsichtbare Hand wirkt, die Menschen dazu bringt, auf das zu reagieren, was Sie von ihnen wollen.

Hier ist die eine Sache, die die meisten Leute bei einem guten CTA übersehen: Sie können nie jemanden zwingen, etwas zu tun. Eine Handlung muss von innen kommen, sonst ist es Manipulation. Wenn Sie Ihre Arbeit getan haben, indem Sie die Aufmerksamkeit des Nutzers erregt und sein Interesse an dem, was Sie zu sagen haben, geweckt haben, muss der CTA nicht in fetten Buchstaben und mit vielen Ausrufezeichen geschrieben sein. Alles, was Sie tun müssen, ist, sie dorthin zu führen, wo Sie sie haben wollen.

Viele Leute reden über CTA, als ob es nur darauf ankäme, aber sie liegen falsch. Ein CTA selbst kann nur selten die ganze schwere Arbeit leisten. Als Unternehmer müssen Sie die Aufmerksamkeit Ihrer potenziellen Kunden gewinnen, sie in der Phase des Interesses/Wunsches auf eine Reise mitnehmen und ihnen die Entscheidung überlassen, auf Ihren CTA zu reagieren. Wenn Sie Ihre Arbeit richtig gemacht haben, werden sie fast immer auf den CTA reagieren. Der Schlüssel dazu ist (wieder), authentisch zu sein und Ihre Zielgruppe zu kennen, sich auf sie zu konzentrieren und sich immer zu fragen, "was für sie dabei herausspringt".

Kopieren Sie das Bild in

Für mich funktioniert das Einfügen von Text in meine Bilder besser, als wenn ich es nicht tue, aber ich habe gehört, dass viele Leute das Gegenteil behaupten. Selfies sind am besten, sagen sie. Testen Sie, was für Sie am besten funktioniert, aber wenn Sie sich dafür entscheiden, Text in Ihre Bilder einzufügen, würde ich folgendermaßen vorgehen.

Wenn du dich für einen einseitigen Feed-Post entscheidest

Betrachten Sie den geschriebenen Text in Ihrem Bild als "Überschrift". Das Schreiben guter Schlagzeilen kann schwierig sein und erfordert etwas Übung. Hier ein paar Tipps zum Schreiben einer guten Überschrift:

- Verwenden Sie Ziffern anstelle von Wörtern, z. B. "5" anstelle von "fünf".
- Seien Sie äußerst präzise.
- Schaffen Sie Dringlichkeit und bezeichnen Sie es als ein "Geheimnis" oder eine "Idee".

Wenn wir auf das obige Yoga-Beispiel zurückkommen und ein Produkt über die fünf Vorteile von Yoga machen wollen, könnten wir eine Überschrift schreiben, die lautet "Fünf Vorteile von Yoga". Das ist nicht schlecht, aber auch nicht besonders gut. Wenn wir die Überschrift hingegen in "5 geheime Vorteile von Yoga" ändern, würden sicher mehr Leute ihren Bildlauf unterbrechen und unseren Beitrag lesen.

Wenn Sie zwei oder mehr Bilder haben

Ein beliebter Trend ist es, den gesamten Text in die Bilder zu integrieren und mehrere Bilder in einem Beitrag wie ein Karussell zu posten. Das funktioniert deshalb so gut, weil es für den Nutzer viel einfacher zu lesen ist als eine lange Bildunterschrift. Denken Sie daran, die AIDA-Formel zu befolgen und von meinem achtstufigen Geschichte-Funnel zu lernen, wenn Sie sich für diese Methode entscheiden. Ein weiterer Vorteil, wenn Sie mehr als ein Bild in Ihren Beitrag einfügen, ist, dass IG jedem Beitrag eine zweite Chance gibt und das zweite Bild als "Frontbild" verwendet, wenn der Beitrag zum zweiten Mal angezeigt wird.

Schreiben von Beschriftungen

Die Bildunterschrift ist der Text, der unter dem Bild steht. Der erste Teil der Bildunterschrift, der Text, der vor dem "Weiterlesen" zu sehen ist, ist der Teil, der Ihre Aufmerksamkeit erregt. Die Schaltfläche "Mehr lesen" ist da, weil IG weiß, dass die meisten Leute die Bildunterschrift nicht lesen.

Ich denke, die beste Art von Bildunterschriften ist wie eine Erweiterung des Bildes, und es ist klar, dass das Bild und die Bildunterschrift zusammenarbeiten. Ich habe mit verschiedenen Arten von Bildunterschrifteneröffnungen herumgespielt, und was für mich am besten funktioniert, spricht meine Follower direkt an. Ich versuche, "ich", "mein" und andere egozentrische Einleitungen zu vermeiden, wenn ich Bildunterschriften schreibe. Um den richtigen Ton und die richtige Stimme in meinen Bildunterschriften zu treffen, mache ich immer zuerst die Bilder und schreibe die Bildunterschrift erst danach, und ich schaue mir das Bild an, wenn ich die Bildunterschrift schreibe. Auf diese Weise haben das Bild und die Bildunterschrift die gleiche Ausstrahlung.

Geschichten kopieren

Ihre Follower haben keine Ahnung, was Sie in den Geschichten gepostet haben, bevor sie Ihre Geschichten öffnen. Daher ist die Öffnungsrate Ihrer Geschichten entscheidend, um das Beste aus Ihren Geschichten herauszuholen. Ich empfehle, die Geschichten abwechslungsreich zu gestalten, um Ihre Follower neugierig auf das zu machen, was Sie gepostet haben. Wenn Sie zu 99 % aus Verkaufsgeschichten bestehen, werden Ihre Follower Ihnen schnell überdrüssig werden und Ihre Geschichten nicht mehr öffnen. Ich verwende Geschichten, um zu verkaufen, den Verkehr zu steigern, Engagement aufzubauen, zu unterhalten, zu informieren und alles Mögliche zu tun! Da Sie mehrere Geschichte-Slides nacheinander posten können, ähnlich wie bei einem "Verkaufstrichter", können Sie Ihre Follower auf eine kleine Geschichte-Reise mitnehmen.

Wenn Sie sich dazu entschließen, einen Geschichtstrichter mit dem Ziel der Generierung von Verkehr auf Ihre Website auszuprobieren, habe ich festgestellt, dass es sinnvoll ist, den CTA zwei Mal einzubauen, um die Chance zu erhöhen, dass Ihre Follower darauf reagieren.

Sehen Sie sich diesen Trichter an:

Achtung Anschluss CTA 1   CTA 2

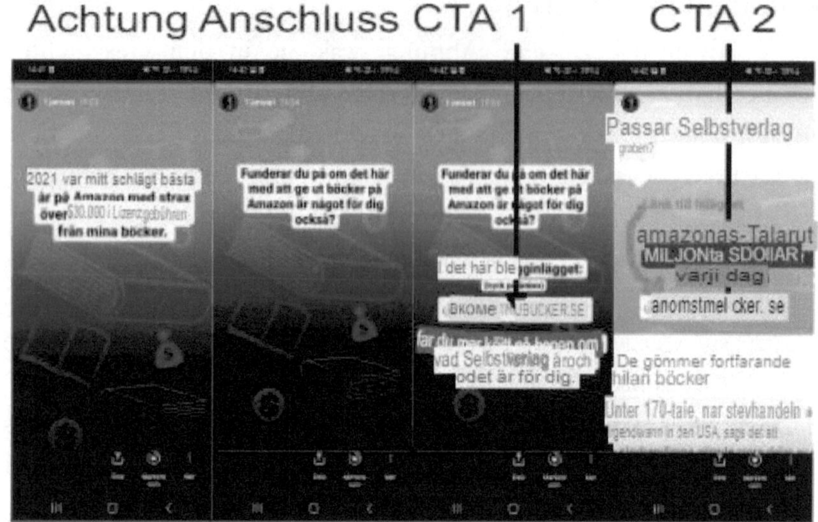

Ergebnis im Verkehr:

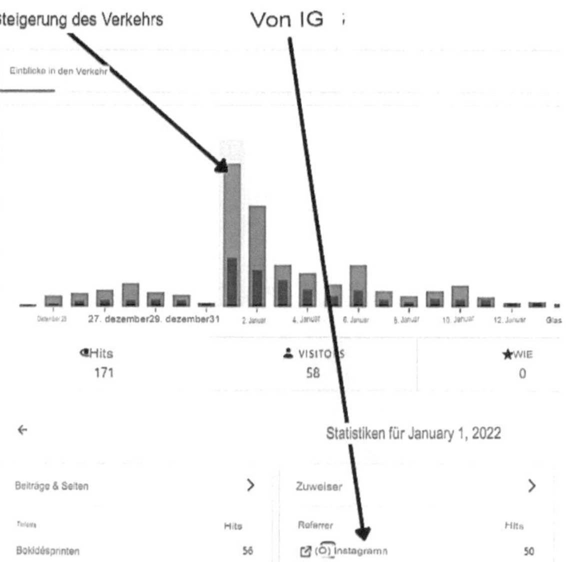

Behalte die Gewinner und suche nach tatsächlichen Beweisen

Ich würde dich ermutigen, zu experimentieren und deine Produkte so bald wie möglich zu veröffentlichen. Es gibt keinen besseren Weg, auf IG Geld zu verdienen, als sich die Arbeit zu machen. Davon abgesehen wird der Markt Ihnen sagen, ob Ihr Posting Anklang gefunden hat oder nicht. Wenn du nichts hörst, sagt dir der Markt laut und deutlich, dass dein Produkt (deine Beiträge) nicht zu dir passt. In diesem Fall sollten Sie etwas Neues ausprobieren! Wenn Sie andererseits eine Menge Antworten, Likes und DMs erhalten, dann sagt Ihnen der Markt, dass Ihre Beiträge Anklang gefunden haben, und ich empfehle Ihnen, alles in Ihrer Macht Stehende zu tun, um diese Menschen zum Kauf zu bewegen, indem Sie Verkaufsgespräche vereinbaren, Links zu Ihren Produkten senden oder sie in Ihr Geschäft einladen. Wenn Sie sich die Zeit nehmen, Ihren Followern zu folgen und sie direkt anzusprechen, erhöhen sich Ihre Chancen, auf IG Geld zu verdienen.

Wenn Sie eine Produktkombination gefunden haben, die gut funktioniert, sollten Sie sie weiter ausbauen. Und denken Sie daran: Funktionieren ist mehr als nur "Likes". Der ultimative Beweis für den Erfolg eines Produkts ist, wenn Sie IG dazu bringen, Geld zu verdienen. Wenn Sie es also schaffen, IG dazu zu bringen, Einnahmen zu generieren, gut gemacht! Sie haben den Code geknackt.

Wie du dein IG-Publikum vergrößerst

Ein häufiges Gesprächsthema beim Geldverdienen auf IG ist die Frage, wie man seine IG-Followerschaft am besten ausbaut. Wie Sie jedoch wissen, korreliert die Anzahl der Follower nicht damit, wie viel Geld eine bestimmte Person auf IG verdient. Dennoch brauchen Sie Follower, um auf IG Geld zu verdienen, und Sie brauchen eine

Strategie, um Ihr Konto in einem gleichmäßigen Tempo wachsen zu lassen.

Die Top-50-Strategie

In Russell Brunsons Buch *Verkehr Secrets (Verkehrsgeheimnisse)* spricht Brunson über eine Strategie, die er erfolgreich zum Ausbau seines Podcasts, seiner E-Mail-Liste und seiner sozialen Kanäle eingesetzt hat. Er nennt sie die Top-100-Strategie. Der Grundgedanke dieser Strategie besteht darin, Beziehungen zu den 100 wichtigsten Accounts in Ihrer Nische aufzubauen. Alle Follower, die Sie haben möchten, folgen wahrscheinlich bereits einem der Top-100-Konten in Ihrer Nische. Wenn Sie also eine Beziehung zu den Top-100-Konten aufbauen, wird dies zu einer Art Brücke zwischen Ihnen und den gewünschten Followern.

Ich denke, dass die Top-100-Strategie ein perfektes Beispiel für eine ehrliche, authentische Strategie ist, um Ihr Konto zu vergrößern, aber 100 großen IG-Konten in Ihrer Nische zu folgen, kann ein bisschen viel erscheinen, daher habe ich Russells Strategie auf die Top-50-Strategie reduziert.

Wie die Top-50-Strategie in der Praxis funktioniert:

Beginnen Sie damit, 50 großen Konten in Ihrer Nische zu folgen, und bauen Sie nach und nach eine Beziehung zu diesen Konten auf, indem Sie ihre Fotos liken, relevante Beiträge kommentieren, mit ihnen in DM schreiben usw. Damit diese Strategie funktioniert, müssen Sie ein echtes Interesse daran haben, sie kennenzulernen. Sie wollen nicht, dass sie das Gefühl bekommen, dass Sie ihnen nur schreiben, weil Sie eine Gegenleistung erwarten. Sobald Sie eine einigermaßen gefestigte Beziehung zu einem oder mehreren der größeren Konten aufgebaut haben, beginnen Sie damit, deren Beiträge in Ihren Beiträgen zu teilen.

Dann ist es nur eine Frage der Zeit, bis sie einen Ihrer Beiträge teilen oder einen Ihrer Kommentare in ihr Kommentarfeld stellen. Sobald dies geschieht, werden Sie eine Flut neuer Follower sehen, die Ihnen zu folgen beginnen.

Ich habe die Top-50-Strategie angewandt, um mehr Follower zu bekommen, und sie funktioniert hervorragend. Schweden ist ein relativ kleines Land, daher sehen meine 900+ Follower vielleicht nicht so beeindruckend aus, aber es ist leichter gesagt als getan, ein Konto auf die magische 10k-Grenze in Schweden zu bringen.

Nutze die neuen Funktionen von IG

Eine Möglichkeit, die Verbreitung Ihrer Beiträge und damit die Chancen auf neue Follower zu erhöhen, besteht darin, die neuesten Funktionen von IG zu nutzen. Während ich dies schreibe, sind IG Reels die neueste Funktion, die die beste Verbreitung zu bieten scheint, aber IG aktualisiert und verändert die Plattform ständig, so dass es sein kann, dass Reels entfernt worden sind, wenn Sie dies lesen. Fragen Sie sich also, welches die neueste Funktion auf IG ist, und nutzen Sie sie so oft wie möglich.

Der Algorythmus pusht

Wir alle lieben Taktiken und Strategien, um mehr Follower zu bekommen, aber der beste (und schwierigste) Weg, um auf IG zu wachsen, ist, IG dazu zu bringen, dein Konto zu übernehmen und es von sich aus zu empfehlen. Wenn du in deinem Feed scrollst, siehst du einen Bereich namens "Vorschläge für dich". Wenn du in den Geschichten herumklickst, siehst du dort denselben Bereich. Dies sind Bereiche, die IG selbst nutzt, um Konten zu bewerben. IG hätte diesen Bereich auch für Werbung nutzen können, aber IG möchte, dass Sie als Nutzer neue Konten finden, denen Sie folgen können, damit Sie

IG optimal nutzen können. Darüber hinaus behält IG genau im Auge, welche Vorlieben wir haben, welche Bilder wir mögen und welche Beiträge wir lesen. Auf diese Weise kann IG individuelle Kontoempfehlungen für jeden von uns erstellen.

Damit IG Ihr Konto abrufen kann, muss IG wissen, welche Art von Konto Sie haben. Andernfalls können sie Ihr Konto nie an den richtigen Nutzer empfehlen. Ich, der ich vielen Geschäftskonten folge, bekomme normalerweise Vorschläge, anderen Geschäftskonten zu folgen. Ich bekomme nie Vorschläge, Konten für Heimdekoration oder Kochen zu folgen. IG weiß, welche Art von Beiträgen ich mag, und tut sein Bestes, um es mir leicht zu machen, mehr ähnliche Accounts zu finden, damit ich mehr Zeit auf der Plattform verbringe. Achten Sie besonders auf die Art der Konten, die Sie als "Vorschläge für Sie" erhalten, denn das zeigt, was IG von Ihrem Konto hält.

Einige häufige Fallstricke machen es IG schwer, zu erkennen, welche Art von Konto Sie haben. Kurzfristig können diese Fallstricke Ihnen neue Follower bescheren, aber sie zerstören Ihre Chancen auf ein langfristiges Wachstum. Die häufigste dieser Fallen besteht darin, auf den so genannten "Follower-Zug" aufzuspringen, was bedeutet, dass etwa 20 Konten beginnen, sich gegenseitig zu folgen. Das Problem dabei ist, dass IG, solange nicht alle dieser 20 Konten der gleichen Nische angehören, nicht weiß, wer Ihre Zielgruppe ist, und dass es IG schwer fällt, zu wissen, wem es Ihr Konto empfehlen soll. Wenn Sie mehrere Follower haben, die wiederum Konten aus den Bereichen Training, Pferdespringen oder Heimdekoration folgen, Sie aber ein Geschäft im Bereich Kochen haben, dann haben Sie ein Problem.

Ein weiterer häufiger Fallstrick sind "Giveaways", d. h. Sie verschenken einen Preis an alle, denen einer Ihrer Beiträge gefällt und die Ihnen folgen wollen. Leider verwirren Sie damit auch IG, denn viele Leute werden Ihnen folgen, um an der Verlosung eines Preises teilzunehmen.

Die zeitlose Strategie für das Wachstum Ihres IG-Kontos besteht darin, Ihrer Zielgruppe immer tolle Produkte (Beiträge) anzubieten. Das ist das Einzige, was funktionieren wird, wenn Sie IG als Einkommensquelle haben.

Hashtags

Ein IG-Nutzer kann wählen, ob er bestimmten Hashtags folgen möchte. Ein Hashtag sieht aus wie dieses "#" und ist eine Art "Kategorie" von Beiträgen. Wenn zum Beispiel jemand einen Beitrag mit #summer postet, wird er für einige Follower sichtbar sein, die sich entschieden haben, dem Hashtag #summer zu folgen.

Manchmal wird viel darüber geredet, wie man die "besten" Hashtags findet, aber ich denke, dass Hashtags etwas überbewertet werden. Sobald Sie einen Beitrag veröffentlicht haben, können Sie die Statistiken zu diesem Beitrag einsehen. Sie können zum Beispiel sehen, wie viele zusätzliche Impressionen der Beitrag durch Ihre Hashtags erhalten hat. In der Regel sind es etwa 5-10 % zusätzliche Impressionen durch Hashtags.

Hashtags geben der Verbreitung einen kleinen zusätzlichen Schub, der Ihnen mehr Follower bescheren kann. Dennoch empfehle ich, tolle Beiträge zu verfassen und relevante Hashtags zu wählen, ohne zu viel darüber nachzudenken.

Kapitel Vier: Monetarisieren Sie Ihr IG-Konto

Der knifflige Teil des Verkaufs auf IG ist derselbe wie bei anderen Online-Verkaufskanälen. Ihre Follower müssen wissen, dass Sie etwas verkaufen, was bedeutet, dass Sie in Ihren Beiträgen über Ihre Produkte und Dienstleistungen sprechen müssen. Konsistenz ist hier der Schlüssel. Wenn Sie es nur hier und da erwähnen, werden Ihre Follower Ihnen nicht auf magische Weise Geld geben. In diesem Kapitel werden wir uns verschiedene Möglichkeiten ansehen, wie Sie Ihr IG-Konto monetarisieren können.

Marketing-Regel der 7

Im Vertrieb und Marketing gibt es eine "7er-Regel". Diese Regel besagt, dass eine Person im Durchschnitt sieben Mal mit einem Produkt/einer Dienstleistung in Berührung kommen muss, bevor sie das Produkt/die Dienstleistung kauft. Diese Begegnungen können als Kontaktpunkte bezeichnet werden. Ein Kontaktpunkt kann darin bestehen, ein Produkt im IG-Feed oder in IG-Geschichten zu sehen, in einem Podcast davon zu hören oder es von einem Freund empfohlen zu bekommen. Die Siebener-Regel gilt in höchstem Maße für alles, was Sie auf IG verkaufen.

Um zu veranschaulichen, wie die Siebener-Regel funktioniert, nehmen wir an, Sie haben 1 000 Follower auf IG, und alle Ihre Follower sehen Ihr Angebot sieben Mal, also insgesamt 7 000 Impressionen. Nehmen wir stattdessen an, dass Sie 7 000 Follower haben und jeder Ihr Angebot einmal sieht, was ebenfalls 7 000 Impressionen bedeutet.

Was glauben Sie, in welchem Szenario hätten Sie am meisten verkauft?

Wenn die Marketingregel der 7 zutrifft, hätten Sie mehr verkauft, wenn dieselben 1.000 Personen Ihr Angebot siebenmal gesehen hätten, als wenn 7.000 verschiedene Personen es nur einmal gesehen hätten. Der Grund dafür ist ganz einfach. Menschen fühlen sich zu dem hingezogen, was sie wiedererkennen, und fühlen sich von fremden Dingen oft nicht so sehr angezogen.

Bei der Umsetzung der Siebener-Regel geht es darum, die Anzahl der Kontaktpunkte zwischen Ihren Followern und Ihrem Angebot zu erhöhen. Das ist natürlich leichter gesagt als getan, aber der Schlüssel dazu ist, dass Sie dasselbe Angebot immer wieder auf unterschiedliche Weise an dieselben Menschen herantragen.

Spreche über dein Angebot in Geschichten

Geschichten verschwinden automatisch nach 24 Stunden, also solltest du sicherstellen, dass die Leute sie sehen. Wie ich bereits gesagt habe, sind Geschichten mein bevorzugtes Verkaufsinstrument auf IG. Sie können Geschichten nutzen, um Leads zu generieren, den Verkehr zu steigern, die Aufmerksamkeit auf bestimmte Produkte zu lenken oder Ihren Followern sogar spezielle Fragen zu stellen. In Geschichten kann man so viel tun. Nur Ihre Fantasie ist die Grenze.

Der IG-Geschichten-Verkaufstrichter

Ein einfaches Gerüst, das ich schon mehrfach mit großem Erfolg in Geschichten verwendet habe, ist der Mini-Verkaufstrichter, der in der

Regel aus 3 bis 6 Folien besteht und auf der AIDA-Formel für Werbetexte aufbaut.

Das Ziel der ersten Folie ist es, die Aufmerksamkeit meiner Follower zu erregen, damit sie die nächste Folie weiter lesen. In der linken Ecke Ihrer Geschichten können Sie sehen, wie viele Ihrer Follower die jeweilige Folie gesehen haben, d. h. Sie können verfolgen, wie viele Personen Folie 1, Folie 2, Folie 3 usw. sehen. Zu sehen, wie viele Leute Ihre Geschichten öffnen, ist eine wichtige Information, denn das kann ein Zeichen dafür sein, ob sie sich für das interessieren, was Sie zu sagen haben. Ich habe normalerweise eine Öffnungsrate von etwa 20 %, und damit bin ich zufrieden. Wenn Sie eine sehr niedrige Öffnungsrate haben, sollten Sie Ihr Profilbild ändern.

Das Ziel der Folien 2-3 ist es, das Interesse meiner Follower zu wecken und sie zum Weiterlesen zu bewegen. Normalerweise versuche ich, in diesen Folien eine Verbindung zu den Vorteilen meines Produkts herzustellen.

Auf den Folien 4-6 geht es darum, meine Follower zum Handeln zu bewegen. Handeln bedeutet in der Regel, eine DM zu senden oder meine Website zu besuchen. Je nachdem, was du verkaufst, kann Handeln eine ganze Reihe von Dingen bedeuten. Und wie ich schon sagte, wenn Sie eine DM von jemandem erhalten, nehmen Sie sie ernst. Die Person ist höchstwahrscheinlich daran interessiert, was Sie anzubieten haben.

Spreche über dein Angebot in einem IG-Live-Video

Dies ist eine relativ neue Funktion. Es handelt sich dabei um eine Art Video, das während der Aufnahme auf der Plattform gestreamt wird, d. h. Sie können Ihre Videos live an Ihre Follower übertragen. Dies ist eine hervorragende Idee für Unternehmen, die eine engere Beziehung zu ihren Followern aufbauen möchten. Der Vorteil von Instagram Live ist, dass es ansprechender ist als jede andere Form von Video. Die Leute können in Echtzeit kommentieren und Fragen stellen, und Sie können darauf antworten und sich mit ihnen auseinandersetzen.

Auf diese Weise können Sie ganz einfach monatliche Aktualisierungen vornehmen, indem Sie Kommentare lesen und beantworten oder Videos als Antwort auf die Kommentare erstellen. Dies ist eine hervorragende Möglichkeit, mit Ihrer Zielgruppe zu kommunizieren und ihr die Möglichkeit zu geben, mit Ihnen auf einer persönlicheren Ebene in Kontakt zu treten. IG Live eignet sich auch hervorragend für Ankündigungen, wenn Sie Ihren Followern wichtige Neuigkeiten mitzuteilen haben. Hier sind einige Tipps, die Ihnen helfen, IG Live optimal zu nutzen:

- Seien Sie darauf vorbereitet, während Ihrer Sendung auf Kommentare in Echtzeit zu reagieren.
- Senden Sie nicht ewig. Begrenzen Sie Ihre Sendung auf 30 Minuten, damit die Leute beschäftigt sind und Lust auf mehr haben.
- Informieren Sie die Leute im Voraus darüber, dass Sie auf Instagram live gehen werden.

Live zu gehen ist ziemlich einfach, und es sind nur ein paar Klicks nötig, um die Übertragung zu starten. Sobald Sie mit der Übertragung beginnen, sehen Ihre Follower Ihren Beitrag im oberen Bereich "Live" in ihrem Feed. Sie können sogar mehrere Kameras einrichten, um verschiedene Blickwinkel zu übertragen. Nehmen wir das Beispiel des Instagrammer @adrian_rodriguez. Er ist Inhaber eines Fitnessunternehmens, das personalisierte Pläne anbietet, um

Menschen dabei zu helfen, in Form zu kommen. Adrian nutzt Instagram Live regelmäßig, um seine Workouts in Echtzeit zu übertragen, was seine Follower lieben!

Spreche über dein Angebot in deinem Feed - die Wohnzimmerstrategie

Es wird viel darüber diskutiert, ob es wichtig ist, einen organisierten und gut aussehenden Feed zu haben oder nicht. Meiner Meinung nach wird ein gut aussehender Feed Ihre Follower nicht auf magische Weise dazu bringen, Ihnen Geld zu geben, solange Sie nicht alles andere, worüber wir in diesem Buch gesprochen haben, richtig gemacht haben. Meiner Erfahrung nach können Feed-Beiträge zu Verkäufen beitragen, aber Geschichten sind ein viel effektiveres Verkaufsinstrument. Ist der Feed also nicht wichtig? Doch, ist er. Wenn ich an den IG-Feed denke, stelle ich mir vor, ich betrete ein Wohnzimmer. Ich habe von allem etwas in meinem Wohnzimmer: Fotos, Kunst, Möbel, Instrumente und Bücher. Meiner Meinung nach ist der IG-Feed eine Art Wohnzimmer. Wenn neue potenzielle Follower sich Ihren Feed ansehen, überfliegen sie in der Regel die ersten 6-9 Beiträge. Wenn du nur dein Produkt präsentierst und Werbung, Werbung und Werbung machst, was werden sie dann denken? Sie werden Ihnen vielleicht nicht folgen wollen. Wenn Sie hingegen in Ihrem Feed eine Wohnzimmeratmosphäre schaffen, entsteht ein Gefühl der Verbundenheit, und Sie laden sie ein, Ihnen zu folgen. Ich hatte schon Leute, die auf meinen Feed kamen und sofort ein Coaching in Anspruch nahmen, weil mein Feed sie ansprach.

Plane deine Feed-Beiträge im Voraus

Eine Übung, mit der ich vor kurzem begonnen habe, besteht darin, meine Feed-Beiträge im Voraus zu planen. Die Art und Weise, wie ich das tue, ist einfach und erfordert einen einfachen Stift und Papier. Ich zeichne 12 Quadrate, die jeweils einen Platz in meinem Feed darstellen. Ich versuche, zwei Feed-Beiträge pro Woche zu machen, was bedeutet, dass ich meinen Feed sechs Wochen im Voraus plane. Mit dieser Planung versuche ich, ein gutes Gleichgewicht zwischen allen Bereichen meines Unternehmens zu schaffen und sicherzustellen, dass ich in meinem Feed eine Wohnzimmeratmosphäre erzeuge.

So sieht die Übung aus:

IG-Plan

Vorteile von selbstverlag Datum:	Engagement Video Datum:	Pic von mir außerhalb Datum:
faqs Datum:	Buch Empfehlung: Profitieren Sie zuerst Datum:	Lizenzgebühren feb Datum:
Video: Aktuell trends auf Amz Datum:	Testimonial vom Kunden Datum:	Bild, wenn ich sitze auf der Couch und lesen Datum:
Anlaufkosten Datum:	Drei Tipps für geld verdienen auf Amazon! Datum:	Post über meine! bleimagnetisch Datum:

Wenn Sie diese Übung selbst durchführen möchten, denken Sie darüber nach, wie sich all diese Beiträge in Ihren allgemeinen Geschäftstrichter einfügen werden. Denken Sie daran, dass das Ziel nicht nur darin besteht, schöne Bilder zu posten. Das Ziel ist es, mit Ihren Followern auf deren Heldenreise in Kontakt zu treten.

Fragen nach Erfahrungsberichten und stellen Menschen vor, die dein Produkt verwenden

Eine Möglichkeit, über Ihr Angebot zu sprechen, ohne darüber zu reden, ist die Verwendung von Erfahrungsberichten von früheren Kunden. Wenn ich nach Erfahrungsberichten frage, schicke ich meinen Kunden sechs Fragen. Hier sind die sechs Fragen, die ich verwende, wenn ich nach Erfahrungsberichten über mein Coaching-Programm frage.

1. Was war Ihre größte Sorge vor dem Kauf meines Coaching-Programms?

2. Welche Ergebnisse haben Sie durch die Teilnahme an dem Programm erzielt?

3. Können Sie eine Sache nennen, die über Ihren Erwartungen lag?

4. Können Sie noch zwei weitere Dinge nennen, mit denen Sie zufrieden waren?

5. Würden Sie anderen Personen empfehlen, dieses Programm zu kaufen? Wenn ja, warum?

6. Gibt es etwas, das Sie am Programm ändern/hinzufügen möchten?

Je nachdem, was Sie verkaufen, besteht eine Möglichkeit, Ihr Produkt für Ihr Publikum relevant zu halten und die Siebener-Regel aufrechtzuerhalten, darin, Ihren Anhängern Einblicke in die Art von Menschen zu geben, die Ihr Produkt verwenden. Dies ist eine beliebte

Strategie in der Wellness-Branche. Zum Beispiel, indem man berühmte Influencer dafür bezahlt, ein Kleidungsstück zu tragen. Ich persönlich würde am Anfang nicht zu viel Geld für diese Strategie ausgeben. Solange Sie ein großes Interesse daran haben, Ihren Followern das zu geben, was sie wollen, und mit ihnen in Kontakt zu treten, müssen Sie keine teuren Influencer engagieren, um Ihre Produkte zu vermarkten.

Denke in Kampagnen, nicht in Posten

Wenn Sie den Zweck Ihres IG-Kontos kennen und wissen, wo in Ihrem Unternehmen IG angesiedelt ist, wird klar, dass IG nur ein Instrument zum Wachstum Ihres Unternehmens ist. Um Geld zu verdienen und Ihr Unternehmen zu vergrößern, müssen Sie etwas verkaufen, und um etwas zu verkaufen, ist es am besten, eine Art von Kampagne durchzuführen. Es gibt viele verschiedene Arten von Kampagnen, darunter Launch-Kampagnen, Verkehr-Kampagnen, Sensibilisierungs kampagnen usw.

Wenn ich hier von Kampagnen spreche, meine ich keine bezahlten Anzeigen. Was ich mit einer Kampagne meine, ist die Sammlung aller Ihrer Bemühungen während eines begrenzten Zeitraums, um ein bestimmtes Ziel zu erreichen. Das sind alle Beiträge, Videos, Reels und Geschichten, die Sie in einem bestimmten Zeitraum (3 Tage, sieben Tage oder 30 Tage) veröffentlichen, um Ihre Follower dazu zu bringen, das zu kaufen, was Sie verkaufen.

Plane Sie bis zum Ende

Sie können einige Dinge beachten, um die Chancen auf eine erfolgreiche Kampagne zu erhöhen. Erstens sollten Sie bis zum Ende planen, d. h. Sie sollten alle Beiträge, Videos, Reels usw., die Sie machen wollen, vor dem Start festlegen. Dann brauchen Sie nur noch Ihren Plan auszuführen, was viel einfacher ist, als einfach drauflos zu posten, worauf Sie Lust haben. Der zweite Punkt, den Sie für eine erfolgreiche Kampagne beachten sollten, ist, dass Sie sich ein Ziel setzen, das Sie erreichen wollen. Wenn Sie planen und sich Ziele setzen, haben Sie etwas, das Sie im Nachhinein messen und bewerten können, und es ist einfacher, wertvolle Lehren aus Ihren Bemühungen zu ziehen.

Dein Kampagnenfenster

Die gängigste Kampagnenstrategie besteht darin, alle Ihre Bemühungen auf einen bestimmten Zeitraum zu konzentrieren. Natürlich müssen Sie entscheiden, welcher Zeitraum für Sie am besten geeignet ist, aber ich empfehle, mindestens drei bis sieben Tage zu versuchen und zu sehen, was passiert. Während dieser begrenzten Zeit mobilisieren Sie alles, was Sie haben, und tun alles, was Sie können, um so viele Ihrer Follower wie möglich dazu zu bringen, Ihr Produkt zu kaufen, sich für Ihren Kurs anzumelden, an Ihrem Webinar teilzunehmen oder Ihre Homepage zu besuchen. In diesem speziellen Zeitfenster ist es Ihr Ziel, Ihre Follower dazu zu bringen, Ihr Angebot mehr als einmal zu sehen, mit ihnen in Kontakt zu treten und ein gewisses Maß an Verknappung herbeizuführen, wenn sie keine Maßnahmen ergreifen.

Wenn Sie Ihre Kampagne planen, egal ob es sich um eine 3-Tage-, 7-Tage- oder 30-Tage-Kampagne handelt, können Sie diese Struktur verwenden:

Schritt 1: Die große Enthüllung

Teilen Sie Ihren Followern mit, dass Sie ein Produkt auf den Markt bringen werden, und sprechen Sie über die Vorteile Ihres Produkts (nicht über die Funktionen).

Schritt 2: Der freie Geschmack

Geben Sie Ihren Followern einen Blick hinter die Kulissen und verschenken Sie eine kostenlose Kostprobe.

Schritt 3: Die letzte Chance

Verknappung löst Aktion aus, also stellen Sie sicher, dass Sie mitteilen, wann Sie die Türen schließen. Geben Sie Ihren Anhängern dann eine letzte Chance zum Mitmachen.

Diese Struktur ist nur ein grober Rahmen. Wenn Sie zum Beispiel eine 21-tägige Markteinführung planen, könnten Sie die ersten 4-5 Tage damit verbringen, Ihr Produkt vorzustellen, die nächsten 7-10 Tage damit, eine kostenlose Kostprobe zu geben, und die letzten Tage damit, Verknappung zu erzeugen.
Als meine Freundin Marie ein Coaching-Programm für ihre 600 Follower startete, plante sie es folgendermaßen:

Woche 1

M: Reel - fünf Dinge, die ich im Jahr 2022 schaffen möchte
T: Geschichten - Q&A - was wollen Sie 2022 schaffen?
W: Feed-Beitrag - Selfie
T: Multi-Slide-Feed-Post - 5 Tipps, die mir geholfen haben, X zu erreichen
F: Geschichten - Ja/Nein-Fragen an euren Tribe
S: k.A.
S: Geschichten: Andere Konten teilen

<u>Woche 2</u>

M: Reel - versuchen Sie dies, wenn Sie X erreichen wollen
T: Geschichten - unterhaltsam
W: Feed-Post - teilen Sie Ihr Lieblingszitat, fragen Sie Ihre Follower nach ihrem
T: Feed-Post mit mehreren Folien - 5 Mythen über X
F: Geschichten - Buchempfehlungen
S: k.A.
S: Geschichten: Erzählen Sie, wann Sie das letzte Mal etwas gelernt haben

<u>Woche 3</u>

M: Reel - noch 8 Tage bis zum Start
T: Geschichten - teilen Sie Zeugnisse etc.
W: Selfie-Post - teilen Sie mit, warum Sie dies tun (Ihre Geschichte)
T: Multi-Slide-Feed-Post - "der beste Weg, um X zu erreichen".
F: Geschichten - Q&A "Wie würde sich Ihr Leben verändern, wenn Sie X erreichen würden?"
S: Feed: Teilen Sie etwas Persönliches
S: Geschichten: 48 Stunden bis zum Start!

<u>Woche 4</u>

M: Reel - 24 bis zum Start
T: Geschichten - Offen! Jetzt mitmachen!
W: k.A.
T: Multi slide feed post - "erzähle, wie dein Produkt ein echtes Problem löst".
F: Geschichten - Bald geschlossen, mehr freie Kostproben
S: Live-Video: Erwähnen Sie immer wieder die Vorteile Ihres

Produkts + live Q & A

S: Geschichten: Letzter Aufruf!

Wege zur Monetarisierung

IG bietet eine Vielzahl von Möglichkeiten, Geld zu verdienen. Die gängigsten sind der Verkauf eines eigenen Produkts oder einer Dienstleistung, Affiliate-Marketing oder Abonnements. Ich kenne Solo-Unternehmer und Kleinunternehmen in all diesen Bereichen, und meiner Erfahrung nach sind Produkte mit hohem Preis die profitabelsten, die man auf IG verkaufen kann. Allerdings können Sie auch mit Affiliate-Marketing Erfolg haben, also ist es immer am besten, zu testen, was für Sie funktioniert. Schauen wir uns also an, wie Sie Ihr IG-Konto auf verschiedene Weise monetarisieren können.

Wie man eine gewinnbringende Biografie schreibt

Ihre IG-Bio ist sehr wichtig und kann ausschlaggebend dafür sein, ob Ihre Follower schließlich bei Ihnen kaufen und ob Sie neue Follower bekommen oder nicht. Neben Ihrem Foto haben Sie Ihren Benutzernamen, 150 Zeichen, um sich und/oder Ihr Unternehmen zu beschreiben, Platz für einen URL-Link und Platz für eine Reihe von Highlights.

Wenn es um den Benutzernamen geht, sollten Sie versuchen, so klar wie möglich zu sein. Ich habe zum Beispiel den IG-Namen @inkomstmedbocker (ins Englische übersetzt heißt er @incomewithbooks). Ziemlich klar, worum es bei meinem Konto geht, oder? Wenn die Follower sofort ein Gefühl dafür bekommen, worum es in deinem Account geht, nur weil sie deinen Benutzernamen lesen, hast du schon viel gewonnen. Dann können Sie Ihr Profilbild und die 150 Zeichen nutzen, um eine noch tiefere Verbindung zu ihnen herzustellen, ohne Zeit damit zu verschwenden, zu erklären, worum es auf Ihrem Konto geht.

Mein Lebenslauf sieht zum Beispiel so aus:

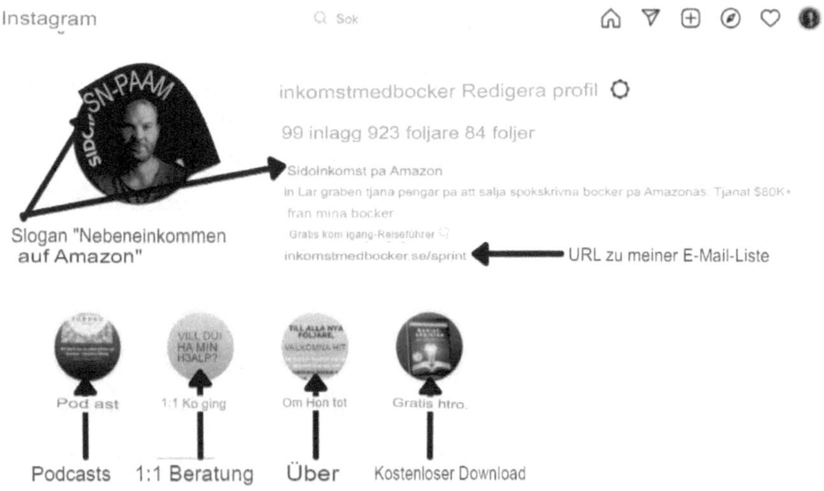

Der Zweck meines Bio-Textes ist es, mehr Follower zu bekommen, aber vor allem soll er Verkehr auf meine Website bringen, in der Hoffnung, mehr E-Mail-Abonnenten zu bekommen, was meinem Geschäftstrichter entspricht.

Höhepunkte in der Biografie

Sie können Highlights aus Geschichten in Ihre Biografie aufnehmen. Ich sehe das ein bisschen wie eine Menüleiste auf einer Website. Ich habe zum Beispiel ein "Über"-Highlight, ein Highlight über die Coaching-Programme, die ich verkaufe, eines über Podcasts, an denen ich teilgenommen habe, und schließlich ein Highlight zu meinem Leadmagneten. Ich weiß nicht, ob die Highlights zu mehr Followern und mehr Verkäufen beitragen. Auf jeden Fall haben Sie so die Möglichkeit, Ihren Followern ein noch besseres Bild davon zu vermitteln, wer Sie sind oder worum es bei Ihrem Unternehmen geht.

Verkaufen von Niedrigpreisprodukten auf IG

Du kannst Geld verdienen, indem du physische Produkte oder digitale Herunterladen auf IG verkaufst. Wenn Sie ein Künstler sind, können Sie Ihre physischen Produkte anbieten (Kunstwerke, Schallplatten, Merchandise-Artikel usw.). Wenn Sie ein kleines Unternehmen führen, können Sie digitale Herunterladen von Berichten oder eBooks verkaufen. Nach meiner Erfahrung, die ich vor allem im Gespräch mit Autoren gewonnen habe, ist es verdammt schwer, auf IG Artikel zu niedrigen Preisen zu verkaufen. Ich kenne ein paar Leute mit einer Menge Follower (25k+), die sich schwer tun, auch nur eine Handvoll Einheiten zu verkaufen. Ich weiß nicht, warum das so ist, aber ich würde Ihnen raten, nicht nur niedrigpreisige Artikel auf IG zu verkaufen. Wenn Sie ein E-Commerce-Geschäft betreiben, können Sie IG als Verkehr-Quelle nutzen und auf diese Weise Geld verdienen. Davon abgesehen haben Unternehmen wie Stella and Dot (Schmuck), Scentsy (Duftartikel) und Jamberry (Nagelabziehbilder) ein Vermögen mit dem Verkauf ihrer Produkte über IG gemacht, es ist also alles möglich.

Affiliate Marketing auf IG

Wenn Sie bereits eine gut etablierte Fangemeinde auf IG haben, ist die Werbung für Affiliate-Produkte eine Möglichkeit, Geld zu verdienen. Ich kenne einen Mann, der im Bereich persönliche Finanzen tätig ist. Er hat im Jahr 2021 12.000 $ an Affiliate-Provisionen mit rund 10.000 Followern verdient. Er findet seine Affiliate-Produkte auf Seiten wie Adrecord, und er wirbt für Investment-Bankkonten. Es ist nicht einfach, mit Affiliate-Provisionen Geld zu verdienen, weil man oft eine große Fangemeinde braucht und wahrscheinlich die gleichen Affiliate-Produkte wie viele andere IG-Konten bewirbt. Meiner Meinung nach lässt du eine Menge Geld auf dem Tisch liegen, wenn du nur Affiliate-Produkte bewirbst. Das große Geld auf IG wird mit dem Verkauf Ihres eigenen Produkts oder Ihrer eigenen Dienstleistung gemacht.

Prämie -Inhaltsabonnement

Manche Leute verkaufen den Zugang zu ihren Prämie-Geschichten als Abonnement-Service. Ähnlich wie bei Patreon zahlen die Abonnenten eine monatliche Gebühr, um Zugang zu ihren Inhalten zu erhalten. Um erfolgreich zu sein, braucht man eine große Fangemeinde und wertvolle Inhalte. Ich kenne einen Mann, ebenfalls aus dem Bereich der persönlichen Finanzen, der alle Aktien, die er kauft/verkauft, und seine Gedanken über den Aktienmarkt mitteilt. Er begann mit seinen Prämie-Geschichten im Juli 2021. Er hatte 18.000 IG-Follower, und im ersten Monat meldeten sich 100 Leute an. Er sprach jeden Tag über seinen Prämie-Service (Marketingregel der Sieben), und Ende 2021 hatten sich 550 Personen angemeldet. Er verlangt 10 \$/Monat, was ein IG-Einkommen von 5.500 \$/Monat bedeutet. Ich vergleiche diese Art von Einkommen gerne mit den Anfängen eines Podcasts oder YouTube-Kanals. Während Sie anfangs nicht viel Geld verdienen, wird Ihr Publikum mit der Zeit wachsen und Sie können exponentiell mehr Geld verdienen. Überlegen Sie, ob Sie etwas verpacken und verkaufen wollen, z. B. einen Abonnementdienst.

Erstelle dein Produkt oder deine Dienstleistung

Das ist meine Lieblingsmethode, um auf IG Geld zu verdienen! Ich habe wiederholt darüber gesprochen, wie wichtig es ist, seine Follower zu kennen, und wenn man das tut, kann man ein Produkt oder eine

Dienstleistung erstellen, die sie lieben werden. Ein typisches Produkt ist die Erstellung einer Art von Kurs.

Verkaufstool: Wie du deine Verkaufsgespräche meisterst

Wenn Menschen einen Anruf mit Ihnen vereinbaren, nehmen sie sich Zeit, um zu sehen, was Sie zu bieten haben. Bereiten Sie sich also gut vor, damit sich Ihre Zeit lohnt. Führen Sie das Gespräch. So wissen Sie, was Sie zu sagen haben und wie Sie auf die Fragen, die Ihnen gestellt werden, reagieren können. Und so geht's.

Die Tagesordnung festlegen

Legen Sie die Tagesordnung fest. Dies hilft, das Gespräch auf Kurs zu halten. Gliedern Sie dazu die Tagesordnung in drei Teile.

Bauen Sie zunächst eine Verbindung auf und stellen Sie Fragen wie "Warum haben Sie sich an mich gewandt?", "Welche Ergebnisse wünschen Sie sich?", "Warum ist das für Sie wichtig?"

Wenn Sie ein wenig Hintergrundwissen und ein besseres Gefühl dafür haben, warum der Kunde ein Verkaufsgespräch mit Ihnen führen möchte, gehen Sie der Sache auf den Grund, um herauszufinden, ob der Kunde bereits versucht hat, sein "Problem" auf andere Weise zu lösen. Fragen Sie: "Haben Sie schon einmal versucht, [das gewünschte Ergebnis zu erzielen]?" Wenn er dies bejaht, fragen Sie, auf welche Weise, und graben Sie weiter. Wenn nein, fragen Sie: "Was ist Ihrer Meinung nach Ihre größte Herausforderung, um [das gewünschte Ergebnis] zu erreichen?".

Gehen Sie dann auf das Gehörte ein und positionieren Sie Ihr Produkt als Lösung für das Problem des Kunden (wenn es gut passt!) und sprechen Sie über die Vorteile der Verwendung Ihres Produkts. Fragen Sie sie, ob sie Ihr Produkt kaufen/eine Sitzung buchen möchten, und sprechen Sie weiter über die Vorteile, die sie durch die Verwendung Ihres Produkts erfahren werden. Abschließend können Sie Einzelheiten über die Funktionsweise hinter den Kulissen mitteilen, die Zahlungen vereinbaren und sich für ihre Zeit bedanken.

Abschließende Überlegungen zum Geldverdienen auf IG

Vor ein paar Jahren, als ich noch ganz neu im Online-Geschäft war, sah ich ein Youtube-Video darüber, wie wichtig die richtige Einstellung ist, um im Geschäft erfolgreich zu sein. Ich erinnere mich deutlich daran, dass in diesem Clip gesagt wurde, dass Ihr Unternehmen ein Spiegelbild Ihrer selbst ist. Damals habe ich nie wirklich verstanden, was das bedeutet, aber jetzt schon.

In gewisser Weise ist das Unternehmertum ein bisschen wie eine verkappte Selbstentfaltung. Es ist schwierig, ja fast unmöglich, ein erfolgreiches Unternehmen aufzubauen, ohne an sich selbst, seinen Gewohnheiten, Ängsten usw. zu arbeiten.

Stellen Sie sich vor, dass Sie Angst haben, mit Videos auf IG zu beginnen, aber Sie wissen, dass Videos viel besser ankommen als normale Beiträge und dass Videos erforderlich sind, wenn Sie Ihre Chancen auf Geld maximieren wollen. Wie fängst du mit Videos an? Sie arbeiten mit Ihren Ängsten und gehen in kleinen Schritten vorwärts, bis Sie sich eines Tages zutrauen, ein Video aufzunehmen und es online zu stellen. Auf diese Weise ist die Entwicklung Ihres Unternehmens ein direktes Spiegelbild der Entwicklung, die Sie selbst durchlaufen.

Sobald du anfängst, IG als Einkommensquelle zu sehen, wirst du mit vielen unangenehmen Dingen konfrontiert. Es ist leicht, sich mitreißen zu lassen und sich dafür zu interessieren, was alle anderen tun, wie gut alle anderen ihre Beiträge bearbeiten und wie viele Follower alle anderen zu haben scheinen. Um sich nicht davon beeinflussen zu lassen, was alle anderen tun, müssen Sie an sich selbst arbeiten und lernen, sich weniger darum zu kümmern, was andere über Sie denken und fühlen. Deine Arbeit an dir selbst wird sich auf dein Geschäft auswirken, und du wirst feststellen, dass du ständig mehr über dich selbst lernen musst, um auf IG Geld zu verdienen.

Also, gebt euch einen Ruck und fangt an, IG wie eine Einkommensquelle zu behandeln!

Buchen 2: Likes zahlen keine Rechnungen: Wie Sie Social Media nutzen, um Leads und Kunden zu gewinnen

Einführung

Unsere Kunden sind in den social media aktiv. Wahrscheinlich scrollen sie gerade jetzt, während Sie dies hören, durch ihre Feeds. Wie kann ich das wissen? Weil *alle unsere* Kunden ständig in den social media unterwegs sind.

Mit den richtigen Strategien können Sie ihre Aufmerksamkeit erregen, mit ihnen in Kontakt treten und Beziehungen zu ihnen aufbauen. Mit den falschen Strategien werden sie jedoch an Ihren Beiträgen vorbeiscrollen, und Ihr Versuch, soziale Medien als Marketinginstrument zu nutzen, kann zu einem frustrierenden Zeitfresser werden.

In diesem Buch werden die vielen Strategien erörtert, die bei der Nutzung social media zur Gewinnung von Führt, Kunden und Verkäufen zum Einsatz kommen. Im ersten Teil des Buches geht es um die fünf größten Mythen rund um social media marketing und was man stattdessen tun sollte. Im zweiten Teil des Buches lernen Sie, wie man Texte schreibt und E-Mail-Marketing betreibt, was in der Welt des Online-Marketings unabdingbare Fähigkeiten sind.

Nachdem Sie sich dieses Buches angehört haben, werden Sie alles haben, was Sie brauchen, um Social Media zu nutzen, um Ihre Plattform aufzubauen und tonnenweise warme führt zu bekommen und sie in Kunden fürs Leben zu verwandeln.

Fangen wir gleich mit dem Mythos Nr. 1 im Social Media Marketing an!

Social Media Marketing Mythos 1: Ihre Follower interessieren sich für Sie

Wenn die Zahl der Follower steigt, ist es leicht, sich zu verrennen und zu denken, dass sie sich wirklich für Sie interessieren. Schließlich mögen sie Ihre Beiträge. Diese Illusion, dass jemand nur deshalb auf "Gefällt mir" klickt, weil er *Sie* wirklich Likes, kann für manche sehr gefährlich sein.

Stellen Sie sich vor, ein junges Mädchen postet Schminktipps. Je mehr " Likes" und " Aktien" sie erhält, desto mehr glaubt sie vielleicht an den Wert des Systeme selbst. Sie könnte sogar ihren eigenen Wert mit der Anzahl der Likes in Verbindung bringen. Interessieren sich die Leute, die sich ihre Videos ansehen, tatsächlich für sie als Person? Leider wahrscheinlich nicht.

Die Wahrheit ist, dass die meisten Follower sich nicht für Sie oder Ihre Beiträge interessieren. Es ist einfach so, dass Ihr Beitrag in ihrem Feed auftaucht, während sie katatonisch durch unzählige andere Beiträge, Anzeigen und Nachrichten scrollen.

Obwohl viele Menschen social Media nutzen, um für ein Unternehmen zu werben oder auf eine Sache aufmerksam zu machen, gibt es andere, die nur um des Postens willen posten. Glauben Sie, dass sich ihre Follower tatsächlich für sie interessieren? Haben sie irgendeine Kunst von Emotion in den Followern geweckt?

Wenn wir auch wissen, dass Ihre Anhänger sich nicht von Natur aus für Sie interessieren, stellt sich die Frage, wie wir sie dazu bringen, sich für Sie zu interessieren. Das klingt ziemlich einfach, aber wie schaffen wir es, dass sich Menschen in der realen Welt tatsächlich für uns interessieren? Wie schafft man eine emotionale Bindung zu jemandem, mit dem man scheinbar nichts gemeinsam hat?

Senden einer Nachricht an Ihre Follower

Lassen Sie uns mit den Grundlagen beginnen. War bedeutet es eigentlich, wenn Menschen sich um Sie kümmern? Per Definition bedeutet das Wort "sich kümmern", dass man Freundlichkeit und Sorge für andere zeigt. Es bedeutet, Einfühlungsvermögen und Mitgefühl für eine andere Person zu zeigen. Es bedeutet, eine Person auf eine emotionale Kunst und Weise zu berühren, die sie dazu veranlasst, Unannehmlichkeiten zu Ihren Gunsten auf sich zu nehmen oder dazu bereit zu sein.

Wir alle treffen jeden Tag zufällige Menschen. Aber es wird keine emotionale Bindung zu jedem einzelnen von ihnen aufgebaut. Es gibt keine Möglichkeit für eine Berühmtheit wie Selena Gomez, eine emotionale Bindung zu jedem einzelnen ihrer über 100 Millionen Follower durch tägliche, regelmäßige, generische Beiträge herzustellen.

Wenn Ihre Botschaft jedoch in der Lage ist, eine Person dort zu treffen, wo sie sich befindet, und sie durch Ihre Worte, Bilder und Handlungen zu berühren, können Sie diese Bindung und emotionale Verbindung herstellen. Sie müssen sie tief berühren. Erreichen Sie sie auf eine Kunst und Weise, die sie nie erwkunstet hätten. Vermitteln Sie Ihre Botschaft auf eine Weise, die Ihr Verständnis für ihre Hoffnungen, Ängste und Träume zum Ausdruck bringt. Erlauben Sie ihnen, ihre Phantasie über Ihre Beziehung zu benutzen und sie so zu definieren, als ob sie real wäre.

Wenn Sie Beiträge und Nachrichten verfassen, die SIE ansprechen, als ob Sie die Zielgruppe wären, dann haben Sie wahrscheinlich falsch verstanden, wer Ihre Zielgruppe ist und was sie wirklich will. Stellen Sie Nachforschungen an. Finden Sie heraus, wen Sie ansprechen, wen Sie erreichen wollen und was sich diese Menschen von Ihnen erhoffen. Darin liegt der Wert Ihrer Botschaft. Nehmen Sie sich die zusätzliche Zeit, um zu recherchieren, verwenden Sie das Vokabular derjenigen, mit denen Sie sprechen. Sprechen Sie die wirklichen Probleme an und seien Sie wirklich realistisch!

Zurück zu den prominenten Persönlichkeiten, die eine große Anhängerschaft haben. Jeder von ihnen teilt seine wahren Geschichten und seine wahren Kämpfe mit denen, die es wissen wollen. Selena Gomez zum Beispiel teilt ihre persönlichen Kämpfe mit Beziehungen und ihrer Karriere. Sie lässt ihre Follower wissen, dass sie auch deren Kämpfe versteht. Sie teilt mit, dass ihr Erfolg auf Prüfungen und Entbehrungen zurückzuführen ist. Sie postet nicht einfach wahllos Bilder und Beiträge über unnötige Themen.

Lassen Sie Ihr Publikum auch seine eigenen Fantasien auf Ihre Botschaft projizieren.

Lernen, wie Menschen ticken

Bei gutem Marketing geht es vor allem darum, genau zu erfahren, was den Menschen wichtig ist: wie sie ticken. Wir wissen, dass die Menschen sich nicht wirklich für Sie interessieren, wenn sie Ihre Dienstleistung in Anspruch nehmen. Sie interessieren sich für sich selbst und dafür, wie Sie ihnen helfen können, ein bestimmtes Problem zu lösen. Aber in den meisten Fällen geht es um mehr als das.

Die Leute sagen alle möglichen netten Dinge - aber in den meisten Fällen ist das alles nur Fassade. Heutzutage ist der durchschnittliche Kunde gut informiert, und wahrscheinlich hat er schon unzählige Ihrer Konkurrenten durchforstet, bevor er zu Ihnen kam. Aus diesem Grund wird er Sie auf der Grundlage verschiedener anderer Umstände analysieren. Der Trick dabei ist, genau herauszufinden, wie sie ticken - was ihnen wichtig ist. Wie Sie das herausfinden können, erfahren Sie hier:

- **Identifizieren Sie ihre Probleme**

Wenn Sie einem Kunden ein Produkt verkaufen, dann verkaufen Sie ihm nicht ein Produkt, das Sie einfach nur in die Welt bringen wollen: Sie verkaufen ein Produkt, von dem Sie glauben, dass es sein Leben einfacher macht. Man kann einem Kunden kein Produkt verkaufen, wenn es sein Leben nicht verbessert - das ist unpraktisch, und doch bringen sich viele Unternehmer in diese Situation.

Um herauszufinden, wie Ihre Zielgruppe tickt, müssen Sie verstehen, wer sie ist - und insbesondere, welche Schmerzen sie hat. Ihr Ziel ist es, ein Produkt zu entwickeln, das diesen Schmerz lindert. Andernfalls werden Sie nicht in der Lage sein, Ihr Unternehmen zum Laufen zu bringen.

Viele Kleinunternehmer bemühen sich, in der Welt Fuß zu fassen, indem sie ein Produkt entwickeln und es dann einem breiten Publikum vorstellen, in der Hoffnung, dass sie die richtigen Leute ansprechen können - aber in der Zwischenzeit vergessen sie, wer ihr Publikum ist. Sie sind so sehr auf die Gewinnung potenzieller Kunden konzentriert, dass sie nicht mehr wissen, wen sie eigentlich erreichen wollen. Sie haben nicht ihre Schmerzen im Sinn - sondern ein allgemeines Produkt, das ein bestimmtes, weit verbreitetes Problem lösen könnte.

Um mit Ihrem Publikum in Kontakt zu treten, müssen Sie daher dorthin gehen, wo es sich gerade aufhält - egal, ob es sich dabei um einen physischen Ort oder ein social media handelt. Versuchen Sie, regelmäßig mit ihnen zu sprechen und erfahren Sie, welche Probleme sie haben könnten. Schauen Sie sich Bewertungen und Beschwerden über ähnliche Produkte an - und erfahren Sie, was ihre tatsächlichen Wünsche sind. Auf diese Weise können Sie bessere Produkte entwickeln, die Sie bei der richtigen Zielgruppe einführen können.

- **Achten Sie auf das Vokabular**

Ihre Follower interessieren sich nicht besonders für Sie. Sie interessieren sich nur für das, was Sie sagen, und dafür, wie Ihre Worte mit dem übereinstimmen, was sie im Sinn haben. Sie interessieren sich für die Kunst und Weise, wie Sie sprechen und wie Ihre Worte bei ihnen ankommen.

Wenn Sie sprechen, müssen Sie sich nicht nur klar und deutlich ausdrücken, sondern auch eine Sprache verwenden, die für den Kunden attraktiv erscheint. Ein Anwalt wird potenzielle Kunden nicht mit einer "Ghetto-Sprache" ansprechen - er will so professionell wie möglich wirken. In diesem Fall wird er vielleicht ein paar "ausgefallene" Wörter verwenden wollen, die dazu beitragen, ein ILikese zu vermitteln.

Wenn Ihr Publikum jedoch aus Studenten oder Hausmüttern besteht, sollten Sie vielleicht auf eine besonders professionelle Sprache verzichten. Ihre hochtrabenden, pompösen Worte werden sie nicht so beeindrucken, wie Sie es sich erhoffen - und in Wahrheit könnte es sie nur in eine andere Richtung schicken. Die Menschen suchen nach der Kunst von Sprache und Verhalten, mit der sie sich identifizieren können, und nicht nach der Kunst, die Ihre Angeberqualitäten unterstreicht.

Denken Sie daran, dass Ihr Wortschatz auch "Trigger-Wörter" enthalten sollte - oder, wie Marketingexperten sie nennen, "Wörter, die verkaufen". Bestimmte Wörter in Ihrem Wortschatz können Kunden auf Ihre Seite ziehen und sie dort mit bestimmten Verkaufswörtern halten. Sie sind sich dessen vielleicht nicht bewusst, aber Wörter wie "Sie", "neu" oder sogar etwas so Einfaches wie "Tipps" können Ihnen eine ganze Reihe von Anhängern bescheren. Das liegt daran, dass Sie es schaffen können, eine tiefere Verbindung zu ihnen herzustellen - vorausgesetzt, Sie lernen, Klischees zu vermeiden.

Das Gleiche gilt für das Vokabular, das Ihr potenzieller Kunde verwendet. Welche Worte verwenden sie? Haben sie den Eindruck, dass sie versuchen, Ihnen etwas zu vermitteln? Welche Wörter verwenden sie speziell - und bestehen sie hauptsächlich aus positiven oder negativen Wörtern? Scheint er viele "mhm"-Wörter oder kurze einsilbige Antworten zu verwenden? Wenn das der Fall ist, ist es wahrscheinlich, dass Sie nicht lange an ihnen festhalten können, selbst wenn sie Ihre Anhänger sind oder nicht.

Indem Sie den Worten Ihrer potenziellen Kunden Gehör schenken, können Sie genau herausfinden, wie sie ticken. Woran scheinen sie interessiert zu sein? Was genau scheint sie besonders zu langweilen? Je reichhaltiger ihr Wortschatz ist, desto interessierter könnten sie an dem sein, was Sie ihnen zu verkaufen haben. Auch Ihr Tonfall ist entscheidend, denn sie suchen jemanden mit einer ruhigen Einstellung und nicht jemanden, der sie zum Handeln drängt.

- **Achten Sie auf die Körpersprache**

Wenn Sie mit einem Kunden sprechen, sollten Sie auf Ihre Körpersprache und auf die Körpersprache Ihres Kunden achten. Insbesondere sollten Sie sich auf das Rückmeldung konzentrieren, das

Ihr Kunde Ihnen gibt - auch wenn dies vor allem dann gilt, wenn Sie mit dem Kunden von Angesicht zu Angesicht sprechen.

Die meisten Ratschläge, die wir in Bezug auf Rückmeldung erhalten, konzentrieren sich auf die Dinge, die wir zu sagen haben - aber die nonverbale Kommunikation ist ebenfalls sehr wichtig. Wenn Sie z. B. durch Ihre Körpersprache Unbehagen oder Aggression ausdrücken, könnten Sie den Gesprächspkunstner verunsichern und ihn so davon abhalten, sich weiter mit dem zu beschäftigen, was Sie zu sagen haben. Manchmal sind es die kleinen Gesten, die die Gefühle des Gesprächspkunstners verraten - und Sie müssen nur darauf hören, was seine Körpersprache Ihnen sagt. Wenn sie keine Verbindung zu dem spüren, was Sie ihnen durch Ihre Körpersprache zu vermitteln versuchen, könnten Sie sie auf lange Sicht einfach verlieren.

Mythos 2: Mehr Likes und Aktien sind besser

Wir alle lieben dieses Gefühl, wenn man etwas auf Facebook oder Instagram postet und sieht, wie die Zahl der LIKES steigt. Sie fühlen sich erfüllt, wenn die Zahl der Likes und Aktien minütlich steigt und Sie wissen, dass immer mehr Menschen Ihre Nachricht sehen. Wir neigen dazu, uns selbst und die Botschaft, die wir zu verbreiten versuchen, besser zu fühlen, wenn wir sehen, wie die Likes und Aktien zunehmen.

Wir wollen, dass sich die Nachricht viral verbreitet, weil wir glauben, dass dies unsere Popularität und damit auch unser Geld steigert. Der Mythos, dass man umso berühmter oder reicher wird, je mehr Likes man hat, ist einfach nur ein Mythos und schadet den Chancen, wirklich berühmt oder reich zu werden, wenn man es zulässt.

In Wirklichkeit können Sie mit Likes weder Ihre Rechnungen bezahlen noch Ihr Essen auf den Tisch bringen. Die Algorithmen, die Websites wie Facebook und Instagram verwenden, werden Ihre Botschaft sicherlich weit und breit verbreiten, aber zu welchem Zweck? Ist die Anzahl der Likes wirklich ein Indikator für den Erfolg Ihres Social Media Marketings?

Die Marketing-Maßnahmen

Es heißt, was gemessen wird, wird auch gemacht. Im Fall von Social Media Marketing bekommt das, was gemessen wird, auch die Aufmerksamkeit. Die Anzahl der Likes zeigt lediglich die Beliebtheit der Fanseite. Sie bedeutet nicht unbedingt, dass der Follower das Produkt auch kaufen wird. Sie zeigt, dass die Marke bekannt und bekannt ist. Oder einfach nur, dass die jeweilige Anzeige attraktiv oder ansprechend war.

Ende 2017 führte Buffer.com eine Studie über die Beiträge durch, die in diesem Jahr am höchsten bewertet wurden. Ein Beitrag eines Fotografen, der eine verzerrte Sicht auf die Welt erstellt hatte, erreichte mehr als 803.000 Menschen, wurde 2.300 Mal geteilt und mehr als 9.000 Mal beantwortet. Allerdings wurde damit kein Geld verdient. Es handelte sich lediglich um einen Beitrag zum Engagement. Ich gratuliere der Person, die das Bild gepostet hat, zu diesen beeindruckenden Zahlen, aber leider wurde der Fotograf dadurch nicht zum Millionär.

Ein anderer Beitrag über Instagram-Marketing erhielt 644 Reaktionen, erreichte mehr als 334 000 Menschen und wurde vor allem 34 372 Mal angeklickt. Diese letzte Zahl ist ein Hinweis darauf, dass die Betrachter die Anzeige nicht nur gesehen haben, sondern dass sie für sie von Interesse war und sie mehr erfahren wollten. Diese emotionale Reaktion löste eine Handlung aus. Der Werbetreibende hat einen Nerv getroffen und mehr als 34.000 Menschen dazu veranlasst, dem Link zu folgen und sich zu engagieren.

Diese Reaktion, die zu einer Handlung führt, ist der Schlüssel zu Ihrem Social Media Marketing. Es ist nicht die Werbung selbst, die für

Einnahmen sorgt, sondern die emotionale Reaktion, die Sie bei Ihrem potenziellen Kunden hervorrufen. Diese Emotion, das Gefühl oder das Interesse ist es, was ihn zum Handeln veranlasst.

Denken Sie an die berüchtigten Werbespots während der Halbzeitshow beim Super Bowl. Überall sitzen Menschen auf Pkunstys, in der örtlichen Bar oder auf der Couch und wkunsten mit angehaltenem Atem darauf, was die Kreativen zum Vergnügen der Zuschauer präsentieren werden. In der Kaffeestube am nächsten Morgen dreht sich das Gespräch in der Regel um die besten und natürlich auch um die schlechtesten Werbespots. Wahrscheinlich dreht sich die Diskussion mehr um die Werbespots als um das Spiel selbst. Es wäre eine interessante Studie, die Gespräche über die beste und die schlechteste Werbung zu untersuchen und auszuwerten, um festzustellen, welches Produkt tatsächlich mit der jeweiligen Werbung identifiziert wird. Ich würde wetten, dass die meisten Leute das nicht sagen könnten. Obwohl sie den lustigen Werbespot mit dem alten Mann GELIEBT haben, haben sie keine Ahnung, für welches Produkt er war. Der herzzerreißende Werbespot mit den Kätzchen hat vielleicht Ihr Herz berührt, aber wird er Sie sofort dazu bringen, das Produkt zu kaufen, das verkauft wird? Wahrscheinlich nicht.

Sie sehen, nur weil jemand Ihren Beitrag oder Ihre Anzeige LÄSST oder sogar teilt, erzeugen Sie lediglich Aufmerksamkeit. Die Person bestätigt damit, dass sie den Beitrag gesehen hat, geht dann aber schnell zum nächsten Beitrag im Newsfeed weiter. Stellen Sie sich vor, Sie scrollen durch Ihre Beiträge und drücken einfach bei jedem einzelnen auf "Gefällt mir". Haben Sie wirklich alle Beiträge gelesen? Haben Sie die Botschaft verstanden, die jeder Ihrer Freunde mitzuteilen versucht hat? Und wenn sie Sie später danach fragen würden, könnten Sie ihnen sagen, was darin steht? Wahrscheinlich nicht. Sie haben einfach zur Kenntnis genommen, dass sie auf der Website aktiv waren, und sind weitergegangen. Vergessen Sie nicht, dass es eine Menge Beiträge zu lesen gibt!

Die Quintessenz ist: Ist die Anzahl der Likes wirklich das beste Maß für einen erfolgreichen Beitrag oder eine erfolgreiche Kampagne? Ein besserer Weg zur Messung ist es, zu bewerten, welche Kunst von Kettenreaktion Sie mit Ihren Beiträgen auslösen können. Wie viele Menschen haben Ihre Nachricht geteilt oder mit anderen darüber gesprochen?

Versuchen Sie nicht, alles für alle Menschen zu sein. Einige Unternehmer und Geschäftsinhaber versuchen, mit allen Menschen in Kontakt zu treten und sie zu bedienen. Diese Strategie, die eigentlich gar keine ist, schmälert den Wert Ihres Produkts und den Markt, auf den Sie abzielen sollten.

Ziehen Sie eine Grenze im Sand. Finden Sie heraus, an wen Sie sich tatsächlich wenden sollten, und beziehen Sie Stellung. Erforschen Sie die tatsächlichen Vorlieben und Abneigungen dieser Personengruppe und richten Sie Ihre Marketingstrategie darauf aus, sie mit geeignetem Material zu versorgen, um eine emotionale Reaktion hervorzurufen.

Wie wird sich das auf Sie und Ihr Unternehmen auswirken, fragen Sie sich vielleicht? Indem Sie die Menschen ansprechen, mit denen Sie eine Verbindung herstellen können, haben Sie eine viel größere Chance, dass sie sich in tatsächliche Kunden verwandeln, anstatt einfach nur auf "LIKE" zu klicken. Diese trügerische Zahl oder die Wahrnehmung der Popularität ist immer noch notwendig, aber um den Wert Ihres Marketings wirklich zu messen, ist die Anzahl der Verkäufe, die als Ergebnis Ihrer Kampagne zustande gekommen sind, ein viel besseres Maß.

Likes sind das Endergebnis eines vorübergehenden Gefühls für Ihre Kampagne. Um erfolgreich Veränderungen und langfristige Verkäufe und Kunden zu erreichen, müssen Sie sich auf die Entwicklung einer Strategie und von Inhalten konzentrieren, die den Test der Zeit überstehen. Bei Ihren Bemühungen geht es darum, eine Marke zu entwickeln, die wiedererkennbar, einprägsam und langlebig ist.

Ich bin sicher, Sie kennen viele Marken, die es geschafft haben, sich im Laufe der Jahre gegen die Konkurrenz, unterschiedliche Werbestrategien und sogar unternehmensinterne Herausforderungen zu behaupten. Unternehmen wie Levi Strauss, Colgate-Palmolive, Mercedes-Benz, Kraft, The New York Times und Tiffany & Co. haben es nicht nur geschafft, zu überleben, sondern sogar die Nase vorn zu haben.

Obwohl sich die Zeiten geändert haben und auch die Märkte sich verändert haben mögen, hat jedes dieser Unternehmen die Zielgruppe untersucht und seine Marketingkampagnen auf bestimmte Personen mit bestimmten Eigenschaften und Bedürfnissen zugeschnitten. Diese Strategie wurde unabhängig davon angewandt, ob die Kampagne in Printmedien, auf Plakaten oder in den social media stattfand.

Nur weil Mercedes-Benz in einem Jahr einen erstaunlichen, historischen Werbespot beim Super Bowl geschaltet hat und dieser am nächsten Tag zum Gesprächsthema wurde, bedeutet das nicht, dass die Zielgruppe ALLE waren, die das Spiel zu diesem Zeitpunkt gesehen haben. Die Kampagne richtete sich an eine bestimmte Kunst von Menschen, die zu diesem Zeitpunkt das Spiel verfolgten; nur dieses Engagement wird sich in einen Verkauf verwandeln. Es war nicht die Tatsache, dass über den Werbespot gesprochen oder er geliked wurde, die ihn zu einer wirksamen Kampagne machte. Es war vielmehr die Anzahl der Menschen, die eine tiefere Verbindung mit der

Botschaft des Werbespots verspürten. Diejenigen, die nun das Gefühl hatten, dass ihre Wünsche, Träume und Emotionen angesprochen und mit ihnen verbunden wurden, waren diejenigen, die hinausgingen und tatsächlich einen Mercedes-Benz kauften.

Wie werden Sie Ihr Zielpublikum ansprechen?

Qualität vs. Quantität - Wie Sie sicherstellen, dass Sie Qualität erhalten

Manche Leute konzentrieren sich mehr auf die Quantität des Produkts als auf die Qualität. "Je mehr, desto besser" - so lautet das allgemeine Sprichwort. Das Problem ist, dass Sie, wenn Sie mit Ihrem Marketing erfolgreich sein wollen, sich stattdessen auf die Qualität konzentrieren sollten - denn auf die kommt es an.

In Wahrheit sind sowohl Qualität als auch Quantität wichtig - Sie müssen für beides das richtige Gleichgewicht finden. Nehmen wir an, Sie erstellen jede Woche viele Beiträge und haben eine große Anzahl von Followern, die Ihr Produkt mögen oder teilen - aber niemand kauft es wirklich. Das Produkt scheint zwar Potenzial zu haben, aber Sie sind nicht hoch genug gestiegen, um Profit zu machen.

Wenn Sie hingegen qualitativ hochwertige Inhalte erstellen, wird es für Ihre Follower viel einfacher sein, sich mit dem zu verbinden, was Sie zu sagen haben. Sobald sie sich auf Ihre hochwertigen Inhalte einlassen, ist die Wahrscheinlichkeit groß, dass dies auch zu einer Konversion führt. Je länger sie auf Ihrer Website bleiben, desto höher ist die Wahrscheinlichkeit, dass sie etwas kaufen - und das kann nur geschehen, wenn Sie Inhalte erstellen, die für die Besucher attraktiv sind.

Die Frage "Was soll gemessen werden"

Was sollten Sie auch stattdessen messen, wenn Quantität nichts ist, worauf Sie Ihr Vertrauen setzen sollten? Die meisten Menschen messen die Likes, die sie für einen Beitrag erhalten - und in gewisser Weise ist das auch gut so, denn es gibt Ihnen einen guten Eindruck davon, wie viele Menschen mit Ihrer Website interagieren.

Aber hören Sie zu: Nicht jede Person, die auf "Gefällt mir" bei Ihrem Beitrag klickt, wird den Link zu Ihrem Kunstikel/Ihrer Seite aufrufen. Viele Leute sehen den Titel, stimmen ihm möglicherweise zu und klicken dann reflexkunstig auf den "Gefällt mir"-Button. Einige rufen vielleicht sogar Ihren Beitrag auf - aber sobald sie sehen, dass die Qualität Ihres Beitrags nicht ausreicht, um ihr Interesse zu wecken, klicken sie auf "Zurück" auf dieser Website, sobald sie sie betreten haben. Dies wird Ihrem Website-Verkehr nicht viel nützen - im Gegenteil, es wird ihn nur verringern.

Damit potenzielle Besucher auf Ihrer Website bleiben, müssen Sie Inhalte erstellen, die sie gerne lesen - und die ihnen genügend Grund geben, so lange auf Ihrer Website zu bleiben, wie es nötig ist, um etwas zu lesen. Je länger sie auf Ihrer Website bleiben, desto größer ist die Wahrscheinlichkeit, dass die Suchmaschinen dies erkennen und Sie als Qualitätswebsite einstufen, so dass Sie in den Ranglisten weiter oben stehen.

Der Zweck Ihres Beitrags ist nicht, Likes zu bekommen; die kann jeder bekommen. Heutzutage können Sie diese Likes einfach im Internet kaufen - über Konten, die Ihnen diese Likes liefern. Sie können die Likes bekommen, was Ihren Beitrag populärer erscheinen lässt - aber in Wahrheit wird es nicht viele Konversionen für Sie geben. Sie brauchen Menschen, die mit Ihrer Website in Kontakt kommen - damit Sie den Traffic bekommen, den Sie verdienen.

Deshalb sollten Sie sich nicht auf die Likes konzentrieren, die Sie erhalten, sondern auf den Traffic, den Ihre Website erhält. Wie viele Besucher erhalten Sie täglich auf Ihrer Website? Wie viel Zeit verbringen diese Personen auf Ihrer Website? Bleiben sie nur ein paar Sekunden dort oder verbringen sie mehr als ein paar Minuten mit der Recherche? Wenn sie sehr viel Zeit dort verbringen, dann ist klar, dass Ihr Inhalt ihnen viele gute Informationen liefert.

Mit jedem Beitrag hoffen Sie, neue Leser zu gewinnen - Leser, die von Ihren Informationen profitieren können. Sie wollen ihnen helfen, die richtige Wahl zu treffen, und sie über die Käufe informieren, die sie tätigen wollen - geben Sie ihnen alle Details, damit sie sich am Ende für Sie entscheiden. Deshalb ist es nicht sinnvoll, sich auf die "Likes" zu konzentrieren, wenn Sie sie an Bord halten müssen.

Ihr Ziel ist es, den Traffic zu messen und ihn zu verbessern, wenn er nicht so funktioniert, wie Sie es sich erhoffen. Denken Sie daran, dass Ihr Ziel darin besteht, den Traffic zu erhalten und eine Konversion zu erreichen - deshalb sollten Sie weniger auf die Likes und mehr auf den tatsächlichen Traffic achten.

Mythos 3: Es gibt so viel Lärm, ich muss den besten Hack finden, um ihn zu durchbrechen

Noise oder Dinge, die Sie ablenken oder für Sie nicht nützlich sind, gibt es in den sozialen Medien zuhauf. Sie werden ständig mit Spam, Junk-E-Mails, Werbung für Dinge, von denen Sie gar nicht wussten, dass Sie danach gesucht haben oder sie überhaupt brauchen, und sogar mit diesen süßen kleinen Welpen konfrontiert. Ihr Posteingang ist voller unnützer Inhalte und Ihr Feed ist mit Ablenkungen verstopft.

Die meisten Menschen versuchen, Taktiken zu entwickeln, um den Lärm zu durchbrechen, und es gibt verschiedene Möglichkeiten, die ausprobiert wurden. Eine Strategie besteht darin, Menschen zum Handeln zu bewegen. Leider ist dies eine kurzsichtige Strategie, die sich nur auf etwas konzentriert, das man nicht kontrollieren kann - die Dinge, die in den Feeds auftauchen.

Anstatt zu versuchen, die Leute zum Klicken zu verleiten, sollte sich Ihre Strategie darauf konzentrieren, mit den Leuten in Kontakt zu treten und die Diskussion außerhalb der social media zu führen. Ja. Ich habe es gesagt. Das Grauen! In unserer hochdigitalen, technologiegesteuerten Welt können die meisten Menschen nicht eine Minute ohne ihr Telefon in der Hand leben. Sie gehen schlafen und scrollen und wischen nach rechts oder links. Sie wachen auf, weil der

Wecker klingelt, und noch bevor sie das Bett verlassen, haben sie ihre E-Mails und Facebook auf neue Informationen überprüft.

Die Verbindung, die Sie herstellen wollen, um dieses Konzept des Lärms zu umgehen, besteht darin, ein Gespräch online zu beginnen, aber es außerhalb des virtuellen Raums fortzusetzen - in der realen Welt! Sie wollen, dass die Leute darüber sprechen, es teilen und ja, sogar dazu tanzen. Genau wie der äußerst beliebte Gangnam Style.

Es wurde 2012 veröffentlicht und war das erste Video auf YouTube, das 2 MILLIARDEN Aufrufe erreichte. Ja, das ist richtig! Wir sprechen hier von Milliarden! Die Zuschauer sahen sich dieses bald berühmte Video nicht nur an, sondern teilten, likten und tanzten die Gangnam Style Tanzschritte. Kurz darauf wurde der Künstler Psy beschuldigt, einige seiner Tanzschritte von einem anderen Künstler geklaut zu haben, was zu einer Kontroverse und natürlich zu weiteren Diskussionen führte. Jetzt wollten alle nicht nur sehen, wie dieser Koreaner tanzt und singt, sondern sie wollten es auch mit den Bewegungen einer anderen Gruppe vergleichen. Je mehr Diskussionen es gab, desto mehr Besucher kamen auf die Website, desto mehr Aufrufe und Likes gab es.

Wie wirkt sich das auf die Einnahmen aus? Obwohl die Zuschauer die Videos auf YouTube kostenlos ansehen, ist die Werbung, die auf der Seite angezeigt wird, die Einnahmequelle. Je mehr Menschen dieses erstaunliche Video sahen, desto mehr Menschen sahen die Werbung, klickten und kauften schließlich etwas. Laut dem Geschäftsführender Direktor von Google hat das Video von Psy mehr als 8 Millionen Dollar allein durch die Zuschauer auf YouTube eingebracht.

Es ging nicht darum, wie viele Follower Psy hatte oder wie viele Leute ihn oder seinen Stil tatsächlich mochten. Es waren die Gespräche, die Kontroverse und die Tatsache, dass jeder sehen musste, was es mit dem Hype auf sich hatte, die den Verkehr zu seinem Video anzogen. Es gelang ihm, den Lärm zu durchbrechen und ein erfolgreiches Produkt zu schaffen. Psy war nicht nur ein weiterer Typ, der seine Musik im Internet verbreitete. Zwischen Juli und September 2012 erklomm Gangnam Style durch Mundpropaganda sehr schnell die Ränge der Top-Videos und wurde in dieser kurzen Zeit mehr als 2 Millionen Mal angesehen. Als sich der Tanz durchzusetzen begann, begannen die Leute, sich selbst beim Tanzen des Gangnam Style aufzunehmen und auf YouTube zu posten. Dies brachte Psy zusätzliche Aufrufe ein, da die Zuschauer ihren Tanz mit dem Original verglichen.

Als sich das Video zu verbreiten begann, erregte es die Aufmerksamkeit der Medien. Anstatt dass Psy die Medien auf sein Video ansprechen musste, um es zu promoten und die Besucherzahlen zu erhöhen, kamen sie zu IHM. Je mehr Presse er erhielt, desto mehr Besucher kamen zu seinem Video. Eine wirklich erstaunliche Marketingkampagne, bei der er wirklich nicht viel tun musste. Was er jedoch tat, war, ein Gespräch in der Social-Media-Landschaft zu beginnen, das zu Gesprächen *außerhalb der* social media führte. Durch seine Musik wandte er sich an eine ganz bestimmte Gruppe von Menschen, von denen er wusste, dass sie neue, frische Musik hören wollten und seine Arbeit leicht teilen und darüber sprechen würden.

Auf diese Weise hat Psy den Lärm durchbrochen, und das können auch Sie. Es erfordert Recherche und Mühe, aber am Ende werden Sie die Früchte ernten, wenn über Ihre Produkte oder Dienstleistungen auch außerhalb der sozialen Medien gesprochen wird.

Als Erstes müssen Sie natürlich Ihren Zielmarkt bestimmen. An wen wollen Sie verkaufen? Welches Produkt oder welche Dienstleistung löst ein Problem, an dem diese bestimmte Gruppe interessiert ist?

Recherchieren Sie und lernen Sie alles über diesen Markt, was Sie können.

Unabhängig davon, ob Sie mit 100 oder 1.000 Followern beginnen, müssen Sie aktiv darauf achten, was Ihr Publikum Ihnen sagt, was es Likes und welche Themen regelmäßig diskutiert werden. Nutzen Sie Analysen, um herauszufinden, worüber sie sprechen, worauf sie reagieren und welche Beiträge und Themen die meiste Aufmerksamkeit erhalten. Zuhören ist der erste Schritt, um großkunstige Inhalte zu verfassen, die eine Reaktion bei Ihrer Zielgruppe hervorrufen. Diese emotionale Reaktion ist der Auslöser dafür, dass sie das Gespräch beginnen.

Durch Ihre Inhalte wollen Sie Ihrem Publikum vermitteln, dass es Ihnen wichtig ist. Seien Sie glaubwürdig und transparent. Sie wollen niemanden dazu verleiten, Informationen zu kaufen oder zu teilen. Seien Sie sowohl online als auch offline authentisch, indem Sie Ihren Wunsch teilen, zu helfen, Einfluss zu nehmen oder den Menschen einen Nutzen zu bieten. Wenn Sie mit Menschen auf einer persönlichen und nicht-verkaufsorientierten Ebene sprechen und eine Verbindung zu ihnen aufbauen, überwinden Sie den Lärm und entwickeln eine unzerbrechliche Bindung.

Bei der Vermarktung von Gangnam Style können wir uns nur vorstellen, welche Strategie Psy verfolgte, um sein Publikum anzusprechen. Seine Leidenschaft für die Musik wurde in dem Video durch seine Mimik und seine Tanzbewegungen deutlich, und er teilte seine Liebe mit seinem Publikum. Das kam als Wohlfühlreaktion rüber, die die Zuschauer unbedingt mit anderen teilen wollten. Er verband sich mit seinem Publikum auf einer tieferen Ebene als nur durch einen neuen, peppigen Song. Er löste diese emotionale Reaktion aus, die Sie auch bei Ihren Zuschauern erreichen sollten, damit sie sie mit anderen teilen.

Wenn Sie Ihre Zielgruppe kennen, können Sie großkunstige Inhalte über Dinge erstellen, die für sie wichtig sind und die ihnen helfen, ihr Leben zu verbessern. Auch Bilder sagen mehr als tausend Worte. Wenn Sie darüber nachdenken, was eine Person emotional berührt und zu einer weiteren Diskussion anregt, sollten Sie sich überlegen, was Ihr visuelles Interesse weckt. Welche Bilder auf Instagram veranlassen Sie, das Scrollen zu unterbrechen, um sie genauer zu betrachten? Welche Bilder rauben Ihnen den Atem und ermutigen Sie dazu, sie einem Freund oder Familienmitglied zu zeigen? Vielleicht weckt es ein Gefühl, das eine Diskussion auslöst.

Genau diese Emotionen, die in Ihnen aufgewühlt werden, wollen Sie auch bei Ihren Followern hervorrufen. Sie möchten Fotos verwenden, die nicht nur tausend Worte zu ihnen sprechen, sondern über die sie ihrerseits auch tausend Worte sprechen werden. Ihr Publikum ist die beste Werbung, die Sie sich wünschen können, wenn die Konversation aus den sozialen Medien in die reale Welt getragen wird. Diejenigen, mit denen sie darüber sprechen, werden unweigerlich auf die sozialen Medien zurückkommen, um es selbst zu sehen oder sich an der Online-Konversation zu beteiligen.

Durch Ihre herausragenden Botschaften und Inhalte können Sie eine kleine Gruppe von fleißigen und treuen Anhängern in Ihre Marketingarmee verwandeln. Indem Sie konsequent dieselbe Botschaft verbreiten, etablieren Sie sich als zuverlässig, vertrauenswürdig und sachkundig. Die Menschen werden Sie als jemanden sehen, der sich um ihre Bedürfnisse kümmert, was wiederum Ihren Ruf stärkt und sie zum Diskutieren und Teilen anregt.

Nehmen wir den lokalen Motivationsredner, der regelmäßig inspirierende und motivierende Inhalte veröffentlicht. Er weiß, was seine Zuhörer wollen und worauf sie reagieren. Seine Inhalte lösen bei jedem Einzelnen, den sie berühren, immer wieder eine emotionale Reaktion aus. Seine Botschaft wird unzählige Male in den social media geteilt und unter Freunden diskutiert. Neue Anhänger suchen seine Websites auf, um seine inspirierenden Worte selbst zu hören. Seine Botschaft ist nicht mehr nur eine der vielen inspirierenden Botschaften, die in den Nachrichten auftauchen und den Lärm der social media verstärken. Sie sind stattdessen zu begehrten, täglichen Nuggets der Bestätigung geworden. Jeder einzelne Follower fühlt sich mit dem Redner verbunden, als wären sie persönliche Freunde, und empfindet die damit verbundenen wertvollen Gefühle.

Mythos 4: Poste X Mal am Tag um genau X Uhr

Jeden Tag zur gleichen Zeit posten muss, um sicherzustellen, dass mein Publikum verfügbar und bereit ist, meine Botschaft zu empfangen. NICHT!

Wenn es um Social Media Marketing geht, neigen wir dazu, uns darauf zu konzentrieren, wie oft am Tag und zu welcher Uhrzeit wir posten. Diese Strategie geht davon aus, dass die Menschen ihre Social-Media-Feeds nur zu bestimmten Zeiten überprüfen, und berücksichtigt nicht die anderen, wichtigeren Faktoren.

Wenn Sie recherchiert haben, wissen Sie bereits, dass Menschen, die sich für ein bestimmtes Thema interessieren, Ihren Inhalten folgen und sie sich ansehen werden. Wenn Sie sich mit Ihrer kleinen Gruppe von Anhängern, Ihrem Zielpublikum, verbinden, können Sie sicher sein, dass diese Ihre Inhalte sehen werden. Sie wollen es sehen, und wenn Sie konsistent sind, mit starken und erfüllenden Inhalten, werden sie es suchen, egal zu welcher Tageszeit oder an welchem Wochentag Sie es posten.

Studien über Trends in den social media legten ursprünglich nahe, dass man während der Pendlerzeit, in der Mittagspause, in den Pausen und am Abend posten sollte, um eine möglichst große Zahl von Followern zu erreichen und das Engagement zu erhöhen. Diese leicht veralteten

Informationen wurden nicht an die neuen Trends angepasst, um die einzelnen Zielgruppen abzudecken.

Konzentrieren Sie sich nicht auf bestimmte Zeiten und Tage, an denen Sie posten sollten, sondern darauf, was für IHRE Follower am besten funktioniert. Wenn Sie die Gewohnheiten und Social-Media-Routinen Ihres Publikums kennen, können Sie besser bestimmen, wann Sie am besten posten, um die größte Aufmerksamkeit für Ihre Inhalte zu erzielen.

Der Schlüssel liegt hier bei IHREN Inhalten. Jeder Zielmarkt oder jede Zielgruppe hat ihre eigene beste Zeit zum Posten. Wenn Sie sich zum Beispiel an Mütter von kleinen Kindern wenden, können Sie ziemlich sicher sein, dass die Hauptverkehrszeit und der Nachmittag NICHT die besten Zeiten sind, um Inhalte zu posten. Sie werden zu sehr damit beschäftigt sein, ihre Kinder in den Bus oder zur Schule zu bringen, um Ihren Beitrag zu bemerken. Wenn Sie jedoch um 21 Uhr posten, ist es wahrscheinlicher, dass Sie ihre Aufmerksamkeit erregen, nachdem die Kinder zu Hause sind und sie endlich etwas Zeit haben, um durch die social media zu scrollen. Vielleicht ist es sogar ihr "schuldiges Vergnügen" für den Tag, die einzige Zeit, die sie haben, um etwas zu lesen, das sie interessiert. Da dies auch für andere eine ähnliche Zeit sein kann, sehen sie es vielleicht nicht nur, sondern teilen es und unterhalten sich dann bei der morgigen Elternbeiratssitzung darüber, da es ihnen noch frisch im Gedächtnis ist.

Wenn Sie hingegen für ein neues Delikatessengeschäft werben, das gerade in der Stadt eröffnet hat, sollten Sie jeden Tag um 11 Uhr vormittags leckere Bilder von den angebotenen Köstlichkeiten posten und teilen. Sie können sich ziemlich sicher sein, dass die Leute um diese Zeit auf der Suche nach Mittagsangeboten sind, und es gibt keinen besseren Zeitpunkt, um nicht nur ihre Sinne, sondern auch ihre

Mägen anzusprechen. Wenn sie dann kommen, um ein Mittagessen in Ihrem Feinkostladen zu kaufen, können Sie nun eine tiefere persönliche Verbindung herstellen und sie dazu ermutigen, auch über die social media ein Gespräch mit anderen zu beginnen, um bei Ihnen einzukehren und Ihr Essen zu genießen.

Wenn es um social media geht, sollte Ihr Ziel natürlich darin bestehen, innerhalb der ersten Stunden nach der Veröffentlichung das meiste Engagement zu erzielen. Studien haben gezeigt, dass die Wahrscheinlichkeit, dass Ihr Beitrag gesehen wird, mit zunehmender Zeit abnimmt. Um auf das Delikatessengeschäft zurückzukommen: Es wäre keine gute Idee, über Ihre neuen Mittagsangebote NACH dem Mittagsansturm zu posten. Zu diesem Zeitpunkt würden Sie nur noch mehr Lärm in den social media verursachen, da Ihre Anhänger auf der Suche nach etwas anderem, das sie interessiert, an Ihrem Beitrag vorbeiscrollen.

Haben Sie jemals gehört, wie Ihr Freund sagte: "Hast du letzte Woche Janes Beitrag gesehen?" Wenn Sie ihn nicht kurz nach Janes Posting gesehen haben, ist es sehr wahrscheinlich, dass der Lärm in Ihrem Sozial-Medien-Feed Janes Posting überwältigt hat und er nicht mehr sichtbar oder sogar relevant ist. Das heißt, Sie müssen die Dynamik des Engagements nutzen und nicht nur posten, sondern mit Ihrem Publikum in Kontakt treten, solange es verfügbar ist.

Wenn Sie sich erinnern, haben wir in diesem Buch bereits darüber gesprochen, wie Sie proaktiv und reaktiv mit Ihrem Publikum in Kontakt treten. Indem Sie in dieser Zeit nach Ihrem Beitrag mit ihnen interagieren, unterstreichen Sie, dass Sie sich um sie kümmern und dass sie für Sie wichtig sind. Wenn Sie Kommentare zu Ihren Beiträgen erhalten, sollten Sie so schnell wie möglich darauf reagieren.

Wir haben jedoch auch festgestellt, dass sich die Trends geändert haben, da viele Menschen ihr Handy in die Hand nehmen und gedankenlos durch ihre Social-Media-Feeds scrollen, bevor sie überhaupt das Bett verlassen haben. In Wirklichkeit ist es auch egal, zu welcher Tageszeit oder wie oft Sie etwas posten, entweder Ihre Follower sehen es oder nicht. Es gibt keine perfekte Zeit oder eine vorher festgelegte Anzahl von Beiträge pro Woche, die die Likesische Zahl enthält, die garantiert, dass Ihre Follower sie sehen und sich beteiligen.

Konzentrieren Sie sich stattdessen darauf, gute Inhalte zu produzieren und regelmäßig zu posten, was immer das für Sie bedeutet. Vielleicht ist es einmal pro Tag oder einmal pro Woche, aber erstellen Sie einen regelmäßigen Zeitplan für die Veröffentlichung, so dass Ihre Follower sich darauf freuen, Ihre ansprechenden Inhalte zu dieser bestimmten Zeit zu erhalten. Wenn Sie regelmäßig tolle Inhalte posten, gewinnen Sie automatisch treue Follower, die bereit sind, diese zu teilen und mit ihren Freunden zu diskutieren.

Ein weiteres Problem bei der Veröffentlichung von Beiträgen in social media sind die Algorithmen, die hinter den Kulissen die Show veranstalten. Haben Sie sich schon einmal gefragt, woher sie wissen, dass Sie kürzlich nach einem Ort für einen neuen Yogakurs gesucht haben? Die Algorithmen und die Wissenschaft, die hinter den sozialen Medien stehen, erkennen Ihre Trends, Ihre Suchanfragen und Ihre Ansichten und senden Ihnen automatisch Beiträge und Werbung, die mit diesen übereinstimmen. Es ist, als ob Big Brother Sie wirklich beobachtet - hallo *1984*! George Orwells prophetisches Buch aus dem Jahr 1948 beschreibt eine Gesellschaft in der Zukunft, in der alle Bürger überwacht werden. Man hat tatsächlich das Gefühl, dass man beobachtet wird, wenn plötzlich Anzeigen für etwas, das man gerade gesucht hat, auf dem Bildschirm auftauchen. Aber so funktionieren die

Algorithmen und sie ändern sich. Sie können Ihr Posting jedoch nicht auf der Grundlage dieser oder anderer Annahmen planen, dass Ihr Inhalt automatisch an jemanden weitergegeben wird, der danach gesucht hat.

Es wird überbewertet, genau den richtigen Punkt für die social media zu finden. Es gibt nicht den perfekten Zeitpunkt für einen Beitrag oder die Likesische Formel für die richtige Kombination von Zeitpunkt und Häufigkeit der Beiträge. Die Menschen überprüfen ihre Beiträge in den sozialen Medien ständig, so dass sie irgendwann auch Ihre Beiträge sehen werden. Der Schlüssel zum Erfolg liegt darin, Ihre Inhalte und Beiträge auf das zu konzentrieren, was für Ihr Publikum wichtig ist, und Ihre Botschaft so zuzuschneiden, dass sie Ihre Follower wirklich beeindruckt und eine emotionale Reaktion auslöst. Egal, zu welchem Zeitpunkt Sie einen Beitrag veröffentlichen, achten Sie darauf, dass Ihre Botschaft konsistent, relevant und emotional aufgeladen ist. Der richtige Zeitpunkt liegt direkt in Ihrer Hand.

Mythos 5: Mein Produkt verkauft sich nicht - beheben Sie es mit mehr Werbung

Wenn sich mein Produkt nicht verkauft, muss es daran liegen, dass ich es nicht ausreichend bewerbe. Ich werde das Problem beheben, indem ich mehr Anzeigen online schalte. Wirklich? Nur weil Facebook Ihnen sagt, dass Sie Ihren Beitrag verstärken sollten, heißt das noch lange nicht, dass das der beste Weg ist. Nur weil Sie Geld für Werbung ausgeben, ist das noch lange keine Garantie dafür, dass sich Ihre Investition auch auszahlt.

Es kommt häufig vor, dass Unternehmer, vor allem neue Unternehmer, Werbekampagnen in social media als Allheilmittel für den Verkauf eines Produkts oder den Aufbau einer Anhängerschaft betrachten. Viele glauben, solange wir Geld für Werbung ausgeben, wird alles gut gehen. Ich will damit nicht sagen, dass bezahlte Werbung nicht unbedingt notwendig ist. Was ich damit sagen will, ist, dass sie nicht alle Ihre Probleme lösen oder Besucher auf Ihre Website bringen wird. Sie ist bei weitem eine schnelle Lösung!

Betrachten wir eine kleine gemeinnützige Organisation, die Besucher auf ihre Website locken möchte, in der Hoffnung, dass die Menschen den Wert der angebotenen Dienstleistungen erkennen, das Leben, das sie beeinflussen, und dass sie dazu bewegt werden, für die Sache zu spenden. Die Organisation verfügt über ein JahresHaushalt von 1000 Dollar für Werbeausgaben und ist der Meinung, dass sich diese 1000

Dollar in Tausende von Dollar an Spendeneinnahmen verwandeln sollten. Leider haben die Anzeigen trotz ihrer guten Absichten weder zu mehr Besuchern auf ihrer Website noch zu einem nennenswerten Spendenaufkommen geführt.

Die Website der gemeinnützigen Organisation allein macht aus ihren Anhängern keine Philanthropen, auch suchten die Verantwortlichen nach einer Likesischen Lösung für ihr Problem und dachten, dass Social-Media-Anzeigen ihr goldenes Ei sein würden. Leider erhielt die Organisation, nachdem sie zu viel Geld für Werbung ausgegeben hatte, überhaupt keine Spenden mehr.

Und dann gibt es natürlich noch die Unternehmen, die praktisch keine Werbung machen und trotzdem an der Spitze zu stehen scheinen. Das Modehaus Zara studiert sorgfältig die Wünsche seiner Kunden und hört ihnen zu, was sie wollen. Täglich werden Informationen an das Designteam zurückgeschickt, um mitzuteilen, wonach die Kunden suchen. Diese geniale Kunst der Designentwicklung und der Herstellung von Produkten, die den Wünschen der Kunden entsprechen, hat die Kunden dazu inspiriert, diesen unglaublichen Prozess durch Mundpropaganda weiterzugeben. Keine Werbung erforderlich!

Unternehmen, deren Hauptziel darin besteht, einen Bedarf zu decken, werden feststellen, dass nur sehr wenig Werbung erforderlich ist. Jedes der folgenden Unternehmen verfolgte in seiner Marketingstrategie mehrere ähnliche Taktiken anstelle von Werbung, und wie Sie sehen werden, haben sie alle den Sieg davongetragen:

Costco, das zweitgrößte Einzelhandelsunternehmen der Welt, macht keine Werbung. Indem sie ihre Kunden zuerst kennenlernten, konnten sie ihren Erfolg dadurch erzielen, dass die Kunden ihre erstaunlichen Erfahrungen im Geschäft durch Mundpropaganda weitergaben.

Mit Produkten, die sich an Adrenalinjunkies richten, hat GoPro seine Marktpräsenz durch seine Online-Videos, die andere Abenteurer in Aktion zeigen, etabliert. Die Gründer erforschten ihren Zielmarkt und wussten einfach, dass diejenigen, die ständig auf der Suche nach dem Adrenalinrausch sind, nicht widerstehen können, die erstaunlichen Stunts und Kunststücke zu teilen, die ihre Mitjunkies aufgenommen hatten. Nervenkitzel-Suchende auf der ganzen Welt tauschten Informationen über die Videos und Kameraprodukte aus und bildeten eine Gemeinschaft von anderen, die ihre eigenen Outdoor-Abenteuer auf Video festhielten. Keine Werbung nötig!

Das preisgekrönte Produkt von Tesla braucht keine ausgefallene Werbung, damit Sie wissen, was es ist. Die Verantwortlichen von Tesla verlassen sich auf die Qualität ihres Elektrofahrzeugs und das wachsende Umweltbewusstsein, um den Absatz des Unternehmens anzukurbeln, ohne einen Dollar für Werbung auszugeben. Sehen Sie selbst, wie die Leute reden, wenn eines dieser schnittigen Hightech-Fahrzeuge sie auf der Autobahn überholt.

Es spricht sich wie ein Lauffeuer herum, wenn jemand einen ausgezeichneten Service erlebt hat, ein tolles Produkt gefunden hat oder sich wichtig und respektiert fühlt. Andererseits kann die Mundpropaganda auch gegen Sie arbeiten. Haben Sie schon einmal eine schlechte Erfahrung in einem Restaurant gemacht und sehr schnell eine negative Bewertung darüber abgegeben? Menschen, die auf der Suche nach einem neuen Restaurant sind, lesen diese Bewertungen, und sie können einen großen Einfluss darauf haben, ob jemand dort essen geht oder nicht. Mundpropaganda ist zwar eine gute Sache, kann aber auch gegen Sie arbeiten, wenn Sie nicht sichergestellt haben, dass Sie alle Anforderungen und Bedürfnisse der Kunden erfüllen.

Der Online-Händler Zappos wurde mit Mundpropaganda als einziger Marketingstrategie gegründet. Das Unternehmen gab sein WerbeHaushalt stattdessen für den Kundenservice aus und wurde so zu einem der größten Online-Händler für Kleidung und Schuhe. Ihre Strategie des exzellenten Kundenservice hat dazu geführt, dass immer wieder neue Kunden hinzukommen, während die Mund-zu-Mund-Propaganda weiterhin neue Kunden anlockt, die ebenfalls von Zappos profitieren.

Für jedes dieser Unternehmen gab es in der Tat eine Erfolgsformel, die Sie auch auf Ihre Produkte und Dienstleistungen anwenden können. Im nächsten Kapitel werden wir ausführlicher darauf eingehen, wie Sie social media richtig nutzen können, um die gewünschten Ergebnisse zu erzielen.

Teil II - Wie Sie social media nutzen, um Ihre Plattform aufzubauen

Inn man heutzutage über Social Media Marketing nachdenkt, kommt einem eine große Plattform in den Sinn - Facebook. Mit den Milliarden von Nutzern, die sich derzeit auf dieser Plattform tummeln, scheint sie der beste Ort zu sein, um Ihr Angebot zu vermarkten, oder? Und wenn man darüber nachdenkt, ist die Idee durchaus vernünftig. Denken Sie an die Anzahl der Blicke, die Ihre Beiträge erhalten können - und es ist wahrscheinlicher, dass die Leute Sie in einem Facebook-Beitrag sehen, als in einer Google-Suche. Bei der heutigen Nutzung social media loggen sich die meisten Menschen alle paar Minuten bei Facebook ein, scrollen ein bisschen, lachen über ein paar Memes - und sehen in der Zwischenzeit ein paar Anzeigen und Beiträge. Sie gehen für diese Dinge nicht zu Google.

Aber hier ist ein Gedanke: Was wäre, wenn Facebook eines Tages aufhören würde zu existieren? Eines Tages würde Mark Zuckerberg beschließen, dass er Facebook nicht mehr weiterführen möchte. Was wäre, wenn Facebook langsam in den Hintergrund treten und eine ferne Erinnerung werden würde?

Bevor Sie sagen: "Das ist nicht möglich!", denken Sie an MySpace. Denken Sie daran, wie beliebt es war, bevor Facebook aufkam. Jedes coole Kind und jedes große Unternehmen hatte ein MySpace-Konto - und abgesehen von den Leuten, die nicht wussten, wie man einen Computer benutzt, war jeder über MySpace vernetzt. Wenn man vor ein paar Jahren erfolgreich werden wollte, musste man mit MySpace anfangen.

Und irgendwann gab es ein Unternehmen, das genau das getan hat: Es hat alle seine Marketingmaßnahmen auf MySpace durchgeführt und wurde dadurch ungeheuer populär. Die Leute entschieden sich für ihre Dienste, teilten ihre Inhalte - sie waren so ziemlich überall in den Anzeigen von MySpace zu sehen. Und genau das war das Problem: Sie waren *nur* auf MySpace vertreten und nicht auf anderen Plattformen.

Sie können sich vorstellen, dass dies etwas problematisch war, als MySpace scheiterte und die Plattform scheiterte. Eine Plattform, die einst so erfolgreich war, verlor plötzlich alle ihre Nutzer - sie wanderten alle zu Facebook, Instagram und all den anderen "coolen Websites" ab. Das betreffende Unternehmen verlor praktisch über Nacht alle seine Follower - und konnte sich von diesem Verlust nie mehr erholen. Das lag ganz einfach daran, dass sie keine Kunden mehr hatten, die ihnen folgten, weil sie ihr ganzes Vertrauen in MySpace gesetzt hatten.
Ich möchte nicht, dass Ihnen das passiert. Deshalb empfehle ich Ihnen, soziale Medien als ein Instrument zum Aufbau Ihrer Plattform zu betrachten. Eine Plattform, die Ihnen gehört, eine Plattform, die Sie kontrollieren, so dass Sie nicht von den neuesten algorithmischen Änderungen in den sozialen Medien abhängig sind oder die Erlaubnis eines anderen einholen müssen, um Ihre Botschaft zu verbreiten. Sie können eine Plattform auf viele Kunsten aufbauen, aber ich empfehle dringend, eine E-Mail-Liste zu erstellen und soziale Medien zu nutzen,

um diese Liste zu vergrößern. E-Mail-Marketing ist der beste Vertriebskanal, und wir werden in absehbarer Zeit nicht aufhören, E-Mails zu nutzen.

Und im Gegensatz zu Facebook und anderen Social-Media-Plattformen, die filtern, wer Ihre Inhalte sieht, lässt das E-Mail-Marketing alles durch. Sie kontrollieren, wer den Betreff Ihrer Inhalte sieht. Sobald sie im Posteingang landet, ist es nur noch eine Frage, ob Ihr Follower Ihre E-Mail öffnet oder nicht.

Der Rest dieses Buches wird sich darauf konzentrieren, wie Sie die sozialen Medien nutzen können, um eine eigene Plattform aufzubauen. Wir beginnen damit, was Sie in social media posten sollten, fahren mit Tipps zum Verfassen von Texten in sozialen Medien fort und enden damit, wie Sie E-Mail-Marketing wie ein Profi betreiben.

Kapitel 6 - Was und wo Sie auf Social Media posten sollten, um Ihre Zielgruppe anzusprechen

Unser primäres und ultimatives Ziel bei all Ihren Social-Media-Marketing-Bemühungen, unabhängig davon, welche Sozial-Medien-Plattform Sie nutzen, sollte es sein, Menschen dazu zu bringen, sich für Ihre E-Mail-Liste anzumelden. Und warum? Weil eine E-Mail-Liste etwas ist, das Ihnen gehört. Sie gehört Ihnen. Dort wird die Likesie des Marketings geschehen und Sie werden diese Führt in begeisterte Fans und glückliche Kunden verwandeln. In Kapitel 8 werde ich mehr über E-Mail-Marketing sprechen, aber zuerst wollen wir uns ansehen, wo und was man in den social media posten sollte, um diese Führt zu bekommen.

Beitrag in Gruppen

Die überwiegende Mehrheit der Interaktionen in den social media hat sich von den öffentlichen Feeds in geschlossene Gruppen verlagert. Man schätzt, dass bis zu 80 Prozent des gesamten Sozial-Medien-Gesprächs in diesen Gruppen stattfindet. Dabei spielt es keine Rolle, ob Sie Ihr Marketing auf Facebook, LinkedIn oder einer anderen Plattform betreiben. Die Suche nach relevanten und aktiven Gruppen in Ihrer Nische ist ein Muss. Diese Gruppen werden Sie schnell zu

Ihrer Zielgruppe bringen, vor allem weil die meisten Menschen in diesen Gruppen ein gemeinsames Interesse haben. Diese Gruppen können pures Gold sein und eine Flut von Führt für Sie und Ihr Unternehmen generieren. Die Strategie, um mit Gruppenbeiträgen erfolgreich zu sein (und nicht aus der Gruppe verbannt zu werden), ist einfach. Sie bauen langsam Ihre Autorität innerhalb der Gruppe auf, indem Sie wertvolle Beiträge und Kommentare veröffentlichen und Schritt für Schritt immer mehr Backlinks auf Ihre Website setzen und Ihre Dienstleistung immer häufiger erwähnen.

Posting auf Instagram (Feed/Stories)

Instagram kann ein massiver Lead-Generator sein, wenn Ihre Strategie richtig ist. Die meisten Leute posten endlose Feed-Beiträge über ihre Angebote und lassen ihren Feed wie eine Werbeseite aussehen. Tun Sie das nicht. Sparen Sie sich Ihre Marketingbemühungen für Ihre IG-Stories auf und behandeln Sie Ihren Feed wie eine Bilderwand in Ihrem Wohnzimmer. Wenn die Leute Ihr IG-Profil besuchen und einen Blick auf Ihre Feed-Beiträge werfen, sollten sie ein Gefühl für Sie als Person oder für Sie als Unternehmen bekommen.

Wenn Sie Instagram nutzen, sollten Sie Ihre Profilseite optimieren. Ihre Profilüberschrift ist bei Google durchsuchbar, auch fügen Sie dort einige Ihrer wichtigsten Nischen- Schlüsselwörter ein. Und nutzen Sie das URL-Feld und verlinken Sie auch auf Ihre E-Mail-Anmeldeseite!

Ein letzter Hinweis zu Instagram: Betrachten Sie Instagram als ein Werkzeug, um Ihr Unternehmen auszubauen. Das bedeutet, dass Sie die meiste "IG-Zeit" damit verbringen sollten, Inhalte für Ihre IG-Follower zu erstellen und nicht Ihren Feed zu scrollen.

Bezahlte Anzeigen in social media

Ich würde nicht empfehlen, für Werbung zu bezahlen, wenn Sie neu im Social Media Marketing sind. Es gibt unzählige Möglichkeiten, kostenlos Traffic zu generieren. Wenn Sie etwas erfahrener sind und über ein entsprechendes Haushalt verfügen, sollten Sie es mit bezahlter Werbung versuchen. Meiner Meinung nach sollte die allgemeine Strategie bei bezahlten Anzeigen darin bestehen, Menschen dazu zu bringen, sich in Ihre E-Mail-Liste einzutragen, aber vielleicht liege ich hier falsch. Ich bin (noch) kein Experte auf dem Gebiet der bezahlten Werbung, daher empfehle ich Ihnen, sich zu informieren, bevor Sie Ihre Werbekampagnen stkunsten.

Ein Hinweis zu Werbegeschenken

Wenn Sie Facebook oder Instagram nutzen, ist Ihnen vielleicht aufgefallen, dass es eine ganze Reihe von Marken und Seiten gibt, die Werbegeschenke anbieten. "Teilen Sie diesen Beitrag, markieren Sie einen Freund und gewinnen Sie etwas", heißt es in den meisten dieser Beiträge. Diese Gewinnspiele werden nicht angeboten, weil die Marken so großzügig sind, sondern weil es eine gute Taktik ist, um den Bekanntheitsgrad Ihrer Marke zu erhöhen und Ihre Anhängerschaft zu vergrößern.
Auch wenn diese Taktik eine Flut von neuen Anhängern generieren Likes, was glauben Sie, wie viele von ihnen sich für Sie interessieren? Ich kann Ihnen einen Tipp geben - nicht sehr viele! Werbegeschenke sind eine großkunstige Möglichkeit, neue Follower zu gewinnen, aber die meisten neuen Follower sind wahrscheinlich mehr daran

interessiert, das Werbegeschenk zu gewinnen, als Ihr Angebot zu kaufen. Seien Sie auch vorsichtig!

Was soll man in den social media posten?

Wir haben besprochen, wo Sie posten sollten; jetzt sollten wir uns etwas Zeit nehmen und darüber sprechen, *was* Sie posten sollten. Es gibt Hunderte von Dingen, die Sie in den social media posten können und die alle in direktem Zusammenhang mit Ihrem Unternehmen stehen. Sie müssen entscheiden, was für Ihr Unternehmen am besten geeignet ist. Wenn Sie die richtige Wahl treffen, sollten Sie Ihre Markenbekanntheit steigern und mehr Kundenkontakte erhalten. Hier sind nur einige der unzähligen Ideen, die Sie in den sozialen Medien veröffentlichen können.

- **Vorher-Nachher-Bilder**

Nehmen wir an, Sie verkaufen ein Produkt, das zu einer erheblichen Veränderung führt. Dabei kann es sich um ein neues Haarfärbemittel, eine Gesichtsmaske, ein Abnehmprogramm oder sogar eine Schrankfarbe handeln - was auch immer zu einer erheblichen Veränderung führt. Um die Wirksamkeit des Produkts zu beweisen und neue Kunden zu gewinnen, sollten Sie Vorher- und Nachher-Bilder veröffentlichen, die die Wirkung des Produkts zeigen.
Die Veränderungen, die Sie zeigen, können persönlicher Natur sein oder mit Ihrem Unternehmen zu tun haben. Sie können zum Beispiel Vorher- und Nachher-Bilder von der Neugestaltung Ihrer Website zeigen. Oder wenn Sie Ernährungsberater sind, können Sie Vorher-Nachher-Fotos des Kühlschranks Ihrer Kunden - nach der Reinigung

- veröffentlichen. Diese kleinen Dinge werden sicherlich das Interesse potenzieller Kunden wecken.

- **Videos hinter den Kulissen**

Follower sind von Natur aus neugierig, daher wäre es eine gute Idee, Videos hinter den Kulissen zu veröffentlichen. Teilen Sie ein paar Bilder von der Arbeit (versuchen Sie, die Momente einzufangen, in denen Sie sich am meisten anstrengen), und wecken Sie das Interesse Ihrer Follower. Eine gute Möglichkeit wäre es, den Standort eines Projekts, Ihres Büros oder einer besonderen Veranstaltung Ihres Unternehmens zu posten. So können Ihre Kunden auf einer persönlichen Ebene mit Ihnen in Kontakt treten.

- **How-to-Beiträge**

Anleitungsbeiträge sind bei den Followern ebenfalls sehr beliebt. Hier können Sie einen Blogbeitrag oder ein Video teilen, in dem gezeigt wird, wie man etwas Bestimmtes macht - aber das würde auch den idealen Kunden ansprechen. Natürlich sollte es auch zu Ihrer Nische passen.
Nehmen wir zum Beispiel an, dass Ihr Unternehmen mit der Hochzeitsbranche verbunden ist. In diesem Fall möchten Sie vielleicht einen Beitrag oder ein Video darüber erstellen, wie man mit geringem Haushalt Dekorationen anfertigt - oder eine Fotokabine für Ihre Hochzeitsfeier. Sie können auch die Hilfe anderer Personen in Anspruch nehmen, die sich mit der Erstellung von Beiträgen auskennen - wenn Sie jedoch das Video einer anderen Person verwenden, sollten Sie auch den Urheber des Videos angeben. Diese

Technik, die als Rückverlinkung bekannt ist, könnte nicht nur ihnen helfen, sondern auch Kunden von ihrer Seite auf Ihre Seite bringen.

- **Tipps Kunstikel**

Zeitsparende Tipps, geldsparende Tipps, schnelle Hacks - diese Kunsten von Beiträgen sind bei den Followern sehr beliebt. Wenn Sie z. B. Werbeinhalte über Ihr Angebot posten, besteht die Chance, dass die Follower nicht klicken, weil sie zu diesem Zeitpunkt nicht interessiert sind. Sobald sie jedoch "Tipps" nach dem Verkauf sehen, wird ein Teil ihres Gehirns "aktiviert" und macht sie neugierig.
Sie denken vielleicht, dass Tipps für Ihr Produkt nicht gerade förderlich sind - aber irgendwo im Hinterkopf werden Ihre Anhänger davon beeinflusst. Nehmen wir zum Beispiel an, Sie verkaufen selbstgemachte Reinigungslösungen. In diesem Fall könnte ein Kunstikel über "Tipps zur Reinigung Ihres Hauses" den Eindruck erwecken, als gäbe er ihnen nur allgemeine Tipps - in Wahrheit aber wird er ihr Interesse an Reinigungsprodukten nur noch mehr wecken. Auf diese Weise regen Sie sie indirekt dazu an, Ihr Produkt zu kaufen.

- **Was, wenn ich keine Führt bekomme?**

Wenn Sie keine Führt bekommen, bedeutet das, dass die Taktik, die Sie derzeit anwenden, nicht effektiv ist. Die Kampagne, die Sie einsetzen, ist möglicherweise strategisch schlecht geplant, das Haushalt könnte falsch sein, oder das Ziel der Kampagne wurde nicht gut durchdacht. Wenn Sie feststellen, dass Sie keine Führt bekommen, sollten Sie sich die folgenden Fragen stellen:

- **Biete ich meinen Kunden einen Mehrwert?**

Sie denken vielleicht, dass Sie ein fantastisches Produkt verkaufen, das das Leben Ihrer Kunden verändern kann - aber vielleicht verändert es nur *Ihr* Leben und hat für andere keinen Wert. Denken Sie an den idealen Kunden, erstellen Sie ein Profil für ihn - und versuchen Sie, genau zu bestimmen, wer in Ihrem Gebiet von diesem Produkt profitieren könnte. Vielleicht möchten Sie Umfragen erstellen, um zu erfahren, was die Kunden wollen, und ihnen wertvolle Produkte anbieten.

- **Verwende ich die richtigen Metriken?**

Wenn Sie keine Führt erhalten, ist es wahrscheinlich, dass Ihre aktuellen Event-Kennzahlen nicht sehr zuverlässig sind. Sie konzentrieren sich möglicherweise eher auf die Quantität der Kontakte, die auf Ihre Seite gekommen sind, als auf die Qualität (d. h. Eitelkeitsmetriken), und sie sagen Ihnen nicht, wie viele dieser Kontakte "abspringen". Wenn die Metriken das Problem sind, sollten Sie versuchen, sich auf die Qualität zu konzentrieren.

- **Veröffentliche ich die richtigen Inhalte?**

Manchmal ist der Grund dafür, dass Sie keine Führt bekommen, so einfach wie "Ihr Inhalt ist nicht interessant genug". Es kann daran liegen, dass Sie keine Inhalte veröffentlichen, die das Interesse Ihrer Kunden wecken (Inhalte, die ihnen einen Informationswert bieten), oder es kann sein, dass Ihre Inhalte einfach langweilig, verwirrend oder schlecht geschrieben sind. In diesem Fall ist es ziemlich klar, dass Sie keine Führt generieren werden, wenn der Kunde mit dem, was Sie posten, nicht zufrieden ist.

Wenn dies der Fall ist, gibt es zwei Möglichkeiten: Erstens können Sie versuchen, Ihre Fähigkeiten als Texter zu verbessern. Lernen Sie ein paar Tipps und Tricks (ich zeige Ihnen in Kapitel 8, wie das geht), und wenn Sie bereits gut mit Worten umgehen können, sollte Ihnen das - mit ein wenig Übung - leicht fallen. Wenn Sie hingegen nicht über die nötigen Fähigkeiten verfügen, sollten Sie jemanden mit dem nötigen Wissen beauftragen, der Ihnen diesen Vorteil verschafft. In den meisten Fällen reichen ein paar Änderungen an Ihrer Marketingkampagne aus, um die gewünschten Führt zu erhalten. Finden Sie einfach heraus, was schief gelaufen ist, und versuchen Sie, jedes dringende Problem zu beheben.

Kapitel 7 - Wie Sie die Aufmerksamkeit Ihrer Zielgruppe in den social media gewinnen (Crashkurs in Werbetexten)

Werbetexten ist die am meisten unterschätzte Fähigkeit im Marketing. Ich weiß nicht, warum. Vielleicht, weil es sexier ist, über Werbeausgaben und die heißesten Hashtags des Tages zu sprechen? Aber seien wir ehrlich: Wenn Sie gut texten können, können Sie Ihre allgemeinen Marketingergebnisse dramatisch verbessern und mehr für jede investierte Marketingeinheit (Zeit, Geld und Energie) herausholen.

Alles, was Sie in social media schreiben, ist in der einen oder anderen Form Werbetexten - jedes einzelne Wort. Der Text, den Sie in Ihre Instagram-Bilder einfügen, ist Werbetext. Der Text, den Sie in Ihre Bildunterschrift schreiben, ist Werbetexten. Die Beschreibung Ihres Youtube-Videos ist ein Werbetext. Alles, was Sie schreiben, ist Werbetexten!

Der Grund, warum Sie sich die Zeit nehmen sollten, um das Texten zu lernen, ist einfach. Erstens zwingt es Sie, die Welt aus der Sicht Ihrer Zielgruppe zu betrachten. Dieser Akt an sich ist im Marketing von unschätzbarem Wert. Wie wir in diesem Buch bereits besprochen haben, geht es beim Marketing nicht um Sie oder Ihr Unternehmen. Beim Marketing geht es darum, *was für Ihr Publikum dabei herausspringt.* Warum sollte es sie interessieren? Wie wird sich ihr Leben verbessern? Werbetexte zwingen Sie, über diese Fragen nachzudenken und Ihre Botschaft so zu gestalten, dass klar wird, was für die Zielgruppe drin ist.

Die klassische Werbetextformel AIDA

Es gibt viele verschiedene Formeln für das Schreiben von Texten, und es gibt viele verschiedene Formen von Texten. Wenn Sie eine Beschreibung für eines Ihrer Produkte schreiben, ist das ein Text. Und wenn Sie eine Facebook-Werbung für dieses Produkt schreiben, ist das auch ein Text. Ich empfehle Ihnen dringend, sich die Zeit zu nehmen, um die verschiedenen Kunsten von Texten zu lernen, die Sie in Ihrem Unternehmen verfassen, aber als Ausgangspunkt empfehle ich Ihnen die klassische AIDA-Formel. AIDA steht für Aufmerksamkeit, Interesse, Wunsch und Aktion. Sie können AIDA als eine allgemeine Formel betrachten und sie an Ihre spezifischen Bedürfnisse anpassen.

Achtung

Schritt Nummer eins ist immer, die Aufmerksamkeit der Menschen zu gewinnen. Wenn man ihre Aufmerksamkeit nicht erlangen kann, wird es schwer sein, etwas zu erreichen. Wie bekommt man die Aufmerksamkeit von jemandem in den sozialen Medien? Heutzutage ist das nicht einfach, aber es gibt ein paar Dinge, die man tun kann. Zuallererst müssen Sie Ihren Zielmarkt identifizieren. Die Worte, die Sie verwenden, die Bilder, die Sie benutzen, alles muss auf Ihre

Zielgruppe zugeschnitten sein. Bei der Nutzung social media zur Gewinnung von Führt und Kunden geht es nicht darum, die Aufmerksamkeit aller auf sich zu ziehen und "den Lärm zu durchdringen", wie wir bereits erwähnt haben. Es geht darum, die Aufmerksamkeit der richtigen Leute zu bekommen. Das ist das Einzige, was zählt. Wenn Sie Ihre Bilder entwerfen, sollten Sie nicht daran denken, was Ihrer Meinung nach "gut aussieht". Denken Sie stattdessen an Ihren Zielmarkt. Das Gleiche gilt für Überschriften. Schreiben Sie keine "einprägsamen" Überschriften um der Einprägsamkeit willen. Schreiben Sie Überschriften, die bei Ihrer Zielgruppe ankommen!

Interesse/Bedürfnis

Sie haben auch die Aufmerksamkeit Ihrer Zielgruppe gewonnen, was nun? Jetzt ist es an der Zeit, tiefer zu graben und sie dazu zu bringen, sich anzuhören, was Sie zu sagen haben. Dies ist der schwierigste Teil. Wenn Sie ihre Aufmerksamkeit erregt haben, aber nicht mit etwas Interessantem weitergemacht haben, werden sie höchstwahrscheinlich gehen und nie wiederkommen.

Angenommen, Sie schreiben eine aufmerksamkeitsstarke Überschrift und bringen Ihren idealen Kunden dazu, Ihren Beitrag zu lesen. Jetzt müssen Sie das Interesse wecken, indem Sie etwas erzählen, das ihnen am Herzen liegt. Das können Sie tun, indem Sie eine Geschichte erzählen, die sie anspricht, oder über etwas sprechen, das mit ihren Hoffnungen, Ängsten und Träumen zu tun hat. Der Trick dabei ist, sich immer zu fragen: "Was ist für sie drin? Was ist für sie drin?" In diesem Stadium geht es nicht um Sie, sondern um sie. Es geht um ihre Interessen, nicht um Ihre.

Wenn Sie den Teil des Interesses/Wunsches in Ihrem Text treffen, will Ihr Publikum MEHR. Der von Ihnen verfasste Text hat sie erregt, ihr Blut in Wallung gebracht und das Dopamin in ihrem Körper zum Fließen gebracht. Sie wollen mehr, und zwar JETZT.

Verstehen Sie, wie das funktioniert? Sie zwingen sie zu diesem Zeitpunkt zu nichts; Sie haben ihre Aufmerksamkeit geweckt und ihr Interesse geweckt. Sie haben es fast geschafft; jetzt müssen Sie nur noch den Teil mit der Aktion nicht vermasseln.

Aktion

Wahrscheinlich haben Sie schon einmal von dem Begriff CTA gehört, der für *Aufruf zum Handeln* steht. CTAs sind in der Texterstellung super wichtig. CTAs bringen die Leute dazu, deine Sachen zu kaufen, sich in deine E-Mail-Liste einzutragen, dich zu kontaktieren, deine Beiträge zu liken (nicht so wichtig, aber es ist trotzdem eine Aktion) und ihren Freunden zu erzählen, wie toll du bist.

Ein CTA ist eine Aufforderung, eine Aussage, eine Frage am Ende Ihres Textes, die wie eine unsichtbare Hand wirkt, die Menschen dazu bringt, auf das zu reagieren, was Sie von ihnen wollen.
Hier ist die eine Sache, die die meisten Leute bei einem guten CTA übersehen: Sie können nie jemanden zwingen, etwas zu tun. Eine Handlung muss von innen kommen, sonst ist es Manipulation. Wenn Sie es geschafft haben, ihre Aufmerksamkeit zu erregen und ihr Interesse an dem zu wecken, was Sie zu sagen haben, dann muss der CTA nicht in fetten Buchstaben und mit vielen Ausrufezeichen geschrieben werden. Alles, was Sie tun müssen, ist, sie dorthin zu führen, wo Sie sie haben wollen.

Viele Leute reden über CTA, als ob es nur darauf ankäme, aber sie liegen falsch. Ein CTA selbst kann selten die ganze Arbeit erledigen. Sie als Vermarkter müssen die Aufmerksamkeit Ihrer potenziellen Kunden erregen, sie auf eine Reise in die Phase des Interesses/Wunsches mitnehmen und ihnen die Entscheidung überlassen, auf Ihren CTA zu reagieren. Wenn Sie Ihre Arbeit richtig gemacht haben, werden sie fast immer auf den CTA reagieren. Der Schlüssel dazu ist (wieder einmal), authentisch zu sein und Ihre Zielgruppe zu kennen, sich auf sie zu konzentrieren und sich immer zu fragen, "was für sie dabei herausspringt".

Wie man immer etwas zu posten hat

Sich neue Inhalte auszudenken ist gar nicht so schwer. Wenn Sie die AIDA-Formel anwenden und sich auf Ihr Zielpublikum konzentrieren, werden Sie eine TONNE an Engagement für Ihre Beiträge erhalten. Die Leute werden alle möglichen Fragen stellen, sich an Sie wenden, um ihre Geschichten mit Ihnen zu teilen, und Sie immer wieder mit neuem Material versorgen. Der Trick, damit Ihnen nie der Gesprächsstoff ausgeht, besteht darin, zuzuhören, was Ihr Markt Ihnen sagt, einen Inhalt darüber zu erstellen und den Prozess zu wiederholen.

Ein letzter Hinweis zum Thema Kopie

Ich habe über den allgemeinen Rahmen gesprochen, den Sie beim Schreiben Ihrer Beiträge, Anzeigen, E-Mails und mehr verwenden können. Ich habe sein Kapitel ausdrücklich nicht mit vielen Plug-and-Play-Vorlagen geschrieben, einfach weil Sie Ihre Stimme in Ihrem Text entwickeln müssen. Die AIDA-Formel wird Sie hierher bringen, auch wenn es vielleicht einige Experimente erfordert.

Kapitel 8. Wie Sie social media nutzen, um E-Mail-Abonnenten zu gewinnen

Wie Sie hochwertige E-Mail-Abonnenten gewinnen

Schritt Nummer eins beim Einstieg in das E-Mail-Marketing (abgesehen von den technischen Aspekten) ist es, die Leute dazu zu bringen, sich in Ihre E-Mail-Liste einzutragen. Das Likes einfach klingen, ist es aber nicht. Eine E-Mail-Liste mit Menschen, die von Ihnen hören wollen, ist das wertvollste Kapital, das ein Marketer haben kann. Was sie so wertvoll macht, ist der Aufwand, den die Leute betreiben, um sich überhaupt anzumelden. Die meisten Menschen halten ihre E-Mail-Adressen heutzutage mit allen Mitteln fest und stellen sich Fragen: Ist das wertvoll? Möchte ich seine/ihre E-Mails erhalten? Welche Qualifikationen haben sie? Die Millionen-Dollar-Frage lautet immer: *Wie bekomme ich mehr gute Leute dazu, sich für meine Liste anzumelden?!* Bevor ich Ihnen sage, wie das geht, werde ich Ihnen den Unterschied zwischen dem Aufbau einer E-Mail-Liste und der Bereitstellung einer E-Mail-Liste erklären.

Aufbau vs. Bereitstellung einer E-Mail-Liste

Sie kennen wahrscheinlich den Ausdruck "eine E-Mail-Liste aufbauen". Dagegen habe ich nichts einzuwenden; ich bin ein großer Befürworter von E-Mail-Marketing. Was ich nicht Likes, ist die Phrase

"*Aufbau*". Meiner Meinung nach sollte man eine E-Mail-Liste eher als etwas betrachten, das man selbst *anbietet*. Lassen Sie uns den Unterschied besprechen.

Wenn wir über den Aufbau einer E-Mail-Liste sprechen, tappen wir leicht in die Falle des Zahlenspiels und konzentrieren uns nur darauf, so viele Abonnenten wie möglich zu gewinnen. Es ist wichtig, Menschen dazu zu bringen, sich in unsere Liste einzutragen, aber nicht, wenn es die falsche Kunst von Menschen ist. Wenn wir über den Aufbau einer E-Mail-Liste sprechen, konzentrieren wir uns mehr auf die Anzahl der Abonnenten als auf die Qualität dieser Abonnenten.

Wenn wir unsere E-Mail-Liste hingegen als etwas betrachten, das wir anbieten, stellen wir unsere Abonnenten automatisch an die erste Stelle und versorgen sie mit hervorragenden Inhalten, die ihr Leben verbessern. Diese Denkweise zwingt uns als Vermarkter und Kreative dazu, interessantere Menschen zu werden, damit wir etwas Interessantes mit unseren Abonnenten teilen können.

Wenn wir unsere E-Mail-Liste als etwas betrachten, das wir anbieten, liegt der Schwerpunkt auf der Verbindung mit unseren Abonnenten. Wir haben das gleiche Konzept bereits früher in diesem Buch besprochen, als wir über die fünf Mythen des Sozial Medien Marketing sprachen.

Wie bringen Sie die Leute dazu, sich in die Liste einzutragen, die Sie *anbieten*?

Der Schlüssel, um Menschen dazu zu bringen, sich in Ihre Liste einzutragen, ist, ihnen etwas zu geben, das sie wollen. Woher wissen Sie, was sie wollen? Sie sprechen mit ihnen in den sozialen Medien. Sie setzen sich mit ihnen auseinander, kommentieren ihre Beiträge, schreiben ihnen Nachrichten, beantworten ihre Fragen und durchsuchen Ihren Markt ständig nach neuen Erkenntnissen. Wenn Sie das tun, werden Sie ein Gespür dafür entwickeln, was Ihre Zielgruppe interessiert, so dass Sie einen so genannten "Lead-Likesneten" produzieren können, den Sie ihr im Austausch gegen ihre E-Mail-Adresse geben können. Wenn Ihr "Lead Likesnet" gut ist, d. h. bessere Informationen enthält als die, die man kostenlos auf Wikipedia finden kann, und wenn Sie außerdem die Erwkunstungen der Zielgruppe *übertreffen*, sind Sie auf dem besten Weg zum Erfolg.

Was Sie Ihren Abonnenten senden und wie oft Sie es senden sollten

Wenn es schwierig ist, Menschen dazu zu bringen, sich in Ihre Liste einzutragen, beginnt das eigentliche E-Mail-Marketing-Spiel, nachdem sie sich angemeldet haben. Wenn sich jemand zum ersten Mal anmeldet, erhält er in der Regel in den nächsten 1-2 Wochen Ihren Lead-Likesneten und ein paar vorgefertigte E-Mails (oft als Willkommenssequenz bezeichnet), damit er Sie und Ihre Welt besser kennenlernen kann. Wenn ihnen gefällt, was sie bekommen, bleiben sie auf Ihrer Liste, und wenn nicht, melden sie sich ab (was in Ordnung ist). Nachdem sie die Willkommenssequenz beendet haben, ist es Ihre Aufgabe als Ersteller, sie regelmäßig mit hervorragenden Inhalten zu versorgen. Ich habe bereits früher in diesem Buch über das Erstellen von Inhalten und das Verfassen von Texten gesprochen, und die gleichen Strategien gelten auch hier. Hören Sie sich an, was sie sagen, und fragen Sie sich immer: *Was ist für sie drin?*

Es gibt keine "Regeln" dafür, wie oft Sie E-Mails an Ihre Liste schicken sollten. Manchmal sende ich zwei E-Mails pro Woche und manchmal zwei pro Monat an meine Listen. Wie oft Sie E-Mails an Ihre Liste senden, ist Ihre Entscheidung, aber ein Minimum ist wahrscheinlich einmal im Monat, nachdem sie Sie kennengelernt haben. Die wichtigere Frage ist: Haben *Sie etwas Interessantes zu sagen, von dem Ihre Abonnenten profitieren können?* Wenn die Antwort auf diese Frage nein lautet, sollten Sie wahrscheinlich gar nichts senden.
Andererseits, wenn die Antwort lautet: *Ja, zum Teufel! - dann verschicken Sie* diese E-Mails so schnell wie möglich! Was Sie erreichen wollen, ist, dass Sie eine Bindung zu Ihren Abonnenten aufbauen. Sie möchten, dass sie wissen, dass die von Ihnen gesendeten E-Mails interessant sind und einen Mehrwert bieten. Sie möchten, dass sie Ihre Nachricht in Ihrem Namen öffnen, lesen und weiterleiten.

Wenn Sie so an Ihre Liste herangehen, werden Sie spannende Kunstikel/Ideen finden und diese so verpacken, dass Ihre Abonnenten davon profitieren können. Und in diesem Prozess ist das, was Sie tun, nicht nur Marketing; Sie machen das Leben der Menschen besser. Wenn Sie diesen Punkt erreicht haben, fühlt sich der Verkauf Ihres Produkts/Ihrer Dienstleistung wie eine Verpflichtung an.

Wie man per E-Mail verkauft

Denken Sie an all die Verkaufs-E-Mails, die Sie im Laufe der Jahre erhalten haben. Denken Sie jetzt daran, wann Sie das letzte Mal etwas aufgrund einer E-Mail gekauft haben. Warum haben Sie das getan?

Wahrscheinlich, weil Sie dieser Person vertraut haben, weil sie Ihnen etwas angeboten hat, das Sie haben wollten, weil sie Ihnen einen Grund zum Kauf gegeben hat und weil sie ein wenig Verknappung erzeugt hat.

Der Verkauf Ihres Produkts/Ihrer Dienstleistung per E-Mail ist so einfach, wie die richtigen Leute anzusprechen, ihnen einen Grund zum Kauf zu geben und ihnen dann die Entscheidung zu überlassen, wie wir im Abschnitt über das Schreiben von Texten in diesem Buch beschrieben haben.

Wenn Sie die Schritte befolgen, die ich in diesem Kapitel besprochen habe, würden Sie social media nutzen, um hochwertige E-Mail-Abonnenten zu gewinnen und langsam Beziehungen zu ihnen aufzubauen. Sie vertrauen Ihnen. Sie wissen, dass Sie spannende Dinge zu sagen haben, so dass sich der Verkauf Ihres Produkts/Ihrer Dienstleistung ganz natürlich anfühlen wird.

Schlussfolgerung

Social Media sind ein hervorragendes, leistungsfähiges Instrument, das Ihr Unternehmen in eine florierende, gut geölte Maschine verwandeln kann, wenn Sie es strategisch zu Ihrem Vorteil nutzen. Ich hoffe, dass ich Ihnen mit diesem Buch Informationen und Dinge vermitteln konnte, die Sie vermeiden sollten, aber auch solche, die Sie tun sollten, um erfolgreich zu sein. Denken Sie immer daran, dass Ihr Ziel darin besteht, überzeugende Inhalte zu liefern, mit Menschen in Kontakt zu treten und eine Beziehung aufzubauen. Anstatt nach "Likes" zu jagen und mit Tricks zum Klicken zu verleiten, möchten Sie diese Beziehungen durch Ihre Fähigkeit aufbauen, den Menschen das zu geben, was sie brauchen, und es so auszudrücken, dass sich jede Person gehört fühlt und eine emotionale Verbindung verspürt.

Beginnen Sie damit, die Mythen zu vermeiden, und nutzen Sie die Tools, Fähigkeiten und Strategien, die Ihnen zur Verfügung stehen, um Ihre E-Mail-Liste wachsen zu lassen. Denn schließlich können Sie viele Menschen haben, die Ihrer Seite folgen - aber wenn Sie Ihre Plattform nicht besitzen und nicht kontrollieren können, ob sie Ihre Nachricht sehen oder nicht, könnte alles umsonst gewesen sein.

Verbinden Sie sich mit dem Autor

Es gibt viele Marketing-Bücher, also danke, dass du dich für dieses entschieden hast und bis zum Ende gelesen hast!

Ich hoffe, ich konnte Ihnen etwas bieten, das Ihre Zeit wert ist, obwohl ich kein englischer Muttersprachler bin.

Ich hasse es, wenn ich nach dem Lesen eines Buches das Gefühl habe, dass es mit schlechten und langweiligen Inhalten vollgestopft ist, die man leicht kostenlos im Internet finden kann. Wenn ich Ihnen das gegeben habe, lassen Sie es mich in den Rezensionen wissen. Aber andererseits, wenn ich Ihnen das gegeben habe, was Sie erwartet haben (oder mehr), sagen Sie mir das bitte in den Rezensionen!

Wenn Sie sich mit mir in Verbindung setzen, alles über schwedische Fika erfahren und meine monatliche Marketing-E-Mail Schwedische Fika und Marketing-Strategien erhalten möchten, gehen Sie zu: christianoberg.com/strategies

Grußworte,
Christian Oberg
christianoberg.de
IG: @inkomstmedbocker